Mein Buch der Geschichten und Gedichte

1

Luzie Irene Pein

Inhalt

Augenwischerei…………………………..	5
Barfuß…………………………………….	66
Entfesselungskünstler…………………….	67
Frühjahrsputz……………………………	68
Gut – Achten……………………………	69
Lavendelsommer………………………….	70
Lisa – Marie……………………………	71
Mutter – Erde……………………………	114
Namenlos…………………………………	115
Ohne Worte………………………………	116
Schneefall……………………………...	117
Seh – Hilfe………………………………	118
Sonnenaufgang…………………………..	119
Strickmuster……………………………..	120
Treffpunkt………………………………	121
Trugbilder – Blender…………………..	122
Trugbilder – Spieler……………………	123
Trugbilder – Träumer…………………..	124
Trugbilder – Verschwender………………	124
Verbindungs – Los………………………	125
Vergesssen……………………………..	126
Verschlossen……………………………	136
Versuch macht Klug?.............................	137
Warteschleife…………………………..	143
Wilde –Feige………………………..	144
Zwischen Himmel und Erde……………	145
Allein - Allein…………………………..	146

Augenwischerei

Endlich Wochenende.
Die Wohnung ist geputzt und die Lebensmittel vom Einkauf sind im Kühlschrank verstaut. Für mich allein brauche ich nicht viel. Es sei denn, mein Sohn möchte mit mir essen, was relativ selten vorkommt. Egal, ich habe immer eine Reserve. Gemüse und Gemüsesuppen, natürlich von frischen Zutaten. Gekocht und in Portionen eingefroren. Meine Lieblingssuppe ist die Hühnersuppe. Huhn, Hohe - oder Querrippe dazu Suppengemüse, ein Lorbeerblatt, in der Pfanne geschwärzte Zwiebeln mit Schale, gibt der Brühe mehr Farbe, ein wenig Ingwer, natürlich geschält und eine Prise Muskatnussblüte. Salz darf nicht vergessen werden.
Ab und zu den Schaum abschöpfen, damit die Kraftbrühe klar bleibt.

Oh, mein Magen meldet sich.

 Was esse ich denn jetzt? Eine Stulle mit Rübenkraut, die habe ich als Kind schon gern gegessen. Das weckt Erinnerungen in mir.
 Ob ich wohl noch in den Garten gehe und Unkraut jäte?
 Die Fenster müssten auch mal wieder geputzt werden. Nein, dann kann ich mit dem Hausputz von vorn anfangen.

Irgendetwas berührt zärtlich meine Wangen, als ich die Tür öffne und in den Garten schaue. Eine angenehme Brise fächelt mir warme Luft in mein farbloses Gesicht. Die Lichtstrahlen der Herbstsonne fallen durch die vom Wind schaukelnden Äste und tänzeln auf meiner Haut. Sie laden mich ein den Tag mit ihnen zu verbringen.

Schnell meine Jeans anziehen und eine leichte Jacke mitnehmen, falls es sich abkühlt. Vorsichtshalber lege ich mir den Regenschirm ins Auto, obwohl es gar nicht danach aussieht und auch kein Niederschlag angekündigt ist.

Ab ins Auto, die Arbeit läuft nicht weg. Schnell muss ich noch tanken. Der Tank meines alten Ford Fiesta ist fast restlos leer. Aber mein schnuckeliges, kleines, silbergraues Gefährt bringt mich noch überall hin und wenn es aus der Waschanlage kommt, glänzt es noch richtig schick. In einem größeren Auto würde ich mir wegen meiner Körpergröße auch verloren vorkommen.

Ich fahre aus der Stadt. Obwohl ich eher am Stadtrand wohne, muss ich doch fast am Zentrum vorbeifahren.

Nach ungefähr zwanzig Kilometern verlasse ich die Landstrasse und biege links ab.

Ein kleines Wäldchen an einem Hügel sieht recht einladend aus und so entschließe ich mich, dort anzuhalten und mir ein lauschiges Plätzchen zu suchen, um mich von der Hektik der Stadt und meinem Stress auszuruhen. Nur ein wenig abschalten, Landluft atmen, die Seele baumeln lassen. Einfach Eins sein mit der Natur. Gott sei Dank habe ich keine High Heels an, sondern meine flachen Schuhe mit den Einlagen vom Orthopäden - angeblich ist ein Bein kürzer ist als das andere – die Schuhe sind halt zweckmäßig. Flachlandtreter eben und für den Schotterweg zum Berg hinauf sehr geeignet.

In meiner Sturm- und Drangzeit gab es eine andere Bezeichnung für die hochhackigen Schuhe. Stöckelschuhe nannte man sie und sie waren genauso unbequem wie heutzutage. Knochenbrüche, Verstauchungen waren die kleinsten Übel, wenn man mit diesen Pumps umknickte. Zum Tanzkleid, ja, da sahen sie perfekt aus. Nostalgie überfällt mich, leise und kichernd.

Leider habe ich nie einen Tanzkurs besucht, aber das ist eine andere Geschichte.

Mir fällt gerade ein, dass wir zu meiner Schulzeit eine sehr neugierige, eifersüchtige Nachbarin hatten, die keine Kinder bekommen konnte. Vor meinem Schulabschluss fragte sie meine Mutter, als sie in unserem Vorgarten harkte, wann ich wohl meine ersten Stöckelschuhe und eine Dauerwelle bekommen würde. Meine Mutter antwortete nur mit einem Kopfschütteln und ließ sie stehen.

Keine Antwort ist bekanntlich auch eine Antwort.
Die Nachbarin verschwand eingeschnappt, Po wackelnd, in ihrem Hauseingang. Meine Mutter lächelte erheitert und kam ins Haus.

Ich gehe weiter, einen kleinen Feldweg hoch und sehe eine Bank dort oben am Waldrand. Es ist ein so genannter Mischwald. Nadel- und Laubbäume haben sich hier heimisch niedergelassen, oder sind bewusst angepflanzt.
Wälder sind die grüne Lunge unserer Erde, die unser Klima regulieren, Sauerstoff produzieren, ohne den wir nicht existieren können.
Leider werden viel zu viele Ur- Regenwälder vernichtet, für die Möbelindustrie, für Papier, Kosmetika, um nur einige Beispiele zu nennen. Sie werden vermeintlich gewinnbringend verarbeitet. Riesige Flächen werden gerodet und als Rinderweiden nutzbar gemacht, damit alle Welt saftige Steaks kaufen kann. Es wird Raubbau mit unseren natürlichen, einzigartigen Schätzen betrieben. Vor Allem in den Ländern, in denen es noch Naturvölker, exotische Pflanzen und Tiere zu erkunden gibt.
Sauerstoff wird auch von Algen in den Meeren erzeugt.

Viele Aspekte verknüpfen sich mit meinen Gedanken. Ich bin doch hierher gefahren, um zur Ruhe zu kommen. Und jetzt das. Liegt es an der Landschaft, dem Frieden, den ich suche und hier finden möchte? Kehrt sich mein inneres Schweigen in unbeantwortete Fragen um, die ich mir selbst stelle? Stopp, ich zwinge meine Gedankenflüge zum Anhalten, will sie nicht in ihren Einfällen behindern, nur zu einer kurzen Pause überreden.

In meinem Kopfkino sehe ich ausgedehnte Grünflächen am Hang, auf denen Pferde und Kühe nebeneinander in Eintracht grasen. Diese Stille, kein Lufthauch weht. Ich setze meine Sonnenbrille ab, weil sie mir den Blick auf die wunderbare Schöpfung der Natur verdunkelt. In den Wipfeln der Bäume, die für sich die Farbpalette der Jahreszeit bereits in Anspruch genommen und ihre Blätter in Weinrot und Goldgelb eingetaucht haben, zwitschern Vögel um die Wette. Über ihnen strahlt die goldene Sonne am azurblauen, wolkenlosen Himmel. Gibt es was zu gewinnen? Oder sind sie einfach nur glücklich und mit sich im Reinen? Sie führen ein freies Leben, können sich von den Aufwinden tragen und in ferne Welten gleiten lassen. Im Gegensatz zu uns Menschen, die teilweise nur nach der Uhr leben, immer und überall funktionieren und stets für die Belange anderer bereit sein müssen. Ich beneide die Stars der Lüfte,

träume oft, dass ich mit ausgebreiteten Armen über den Dächern fliege und mir die Menschen von oben ansehe. Manchmal komme ich aber auch nicht so hoch. Ich habe den Sinn noch nicht wirklich erkannt, aber in Traumbüchern darüber gelesen.
Natürlich gibt es, wie so oft in wissenschaftlichen Büchern, verschiedene Meinungen der Psychoanalytiker.

Egal, ich lausche dem lieblichen Klang der Melodien, meine Schritte werden leichter, meine Gemütslage passt sich ihnen beschwingt an.
So, jetzt noch um die kleine Schonung herum. Noch schöner, als ich mir die Landschaft eben ausgemalt hatte, liegt sie vor mir. Flimmerndes Licht ergießt sich auf eine sattfarbene Wiese mit vielen bunten Wildblumen. Ein Wildbach schlängelt sich in seinem Strombett den Abhang hinunter und mündet in dem Dorfweiher.
In seinem kristallklaren Wasser spiegeln sich die Umrisse der dunklen Tannen, die am Ufer stehen.
Meine Nasenflügel vibrieren bei dem Duft von frisch geschnittenem Gras auf einem angrenzenden Weideland. Ich ziehe den Geruch gierig ein. Ein Geschenk der Natur. Ich nehme es dankbar an, atme tief ein und aus. Reine Luft strömt in meine Lunge und lässt mich

das erste Mal seit langer Zeit wieder frei durchatmen.

Ich darf nicht vergessen, den Rasen zu Hause dringend zu mähen. Hätte ich ein Stofftaschentuch dabei, würde ich einen Knoten darin machen. Pech. Papiertaschentuch geht nicht, wenn ich es benutze und wegwerfe, entsorge ich auch meine Gedächtnisstütze.

Was ist *das*? Ich höre eine sehr hoch frequentierte Stimme, die meinen Gehörsinn reizt und sogar den Tinnitus in meiner rechten Ohrmuschel übertönt. Sie ist laut und bestimmend. Auch hier gibt es scheinbar Streit zwischen Eheleuten, Eltern und Kindern. Das muss ich mir nicht auch noch antun. In den letzten Wochen, nachdem mein Exmann verstorben ist, habe ich meine Kraft völlig aufgebraucht.

Mein Akku ist leer.
Zu viele Erinnerungen, Albträume haben meine Gemütsruhe gestört.

Ich stutze. Eine zierliche Person sitzt mittig auf einer morschen, halb verfallenen Holzbank, die jeden Moment zusammenbrechen könnte. Ihr weißes, halblanges, seidiges Haar glänzt im Sonnenlicht und rahmt ihr kleines Gesicht bildhaft ein.

Ein modischer glatter Haarschnitt, keine Hausfrauendauerwelle, die ich oft bei älteren Frauen sehe, wird von einem schwarzen Samtkragen gestützt. Die Jacke ihres hellgrauen Kostüms hängt locker über ihren schmalen Schultern und dem gekrümmten Rücken. Sie sieht darin so zerbrechlich aus. Weiße, zarte Spitze, die aus den Ärmeln der viel zu großen Kostümjacke heraus schimmert, ziert ihre knöchernen Hände. Sonnenstrahlen lassen Altersflecken auf der Haut aufleuchten. In der einen Hand hält sie einen Gehstock und bewegt ihn recht schwungvoll in alle Richtungen.
Ich schätze ihr Alter auf achtzig oder neunzig Jahre.

Sie unterhält sich sehr angeregt, aber ich kann nicht erkennen, mit wem. Außer ihr und mir ist niemand anwesend. Sitzt da jemand im Gebüsch hinter der Bank? Nein, ich sehe nichts. Ist sie verwirrt? Wie kommt sie hierher?
Die betagte Dame betrachtet mich, nickt, spricht ununterbrochen weiter.

»Siehst du«, sagt sie und deutet mit dem unförmigen Zeigefinger der rechten Hand auf ein großes, weiß gestrichenes Haus, welches von einer hohen Hecke aus Lebensbäumen eingezäunt ist und geradeaus unten am Ortsrand steht. So, wie es aussieht, ist es ein gepflegtes Haus mit Schieferdach und Dachrinnen aus Kupfer.

Angestrahlt, flirrend wie meine alte Kupferkanne, wenn sich die Lichtstrahlen durch die Butzenscheiben in meinem Wohnzimmer mit ihr vergnügen und bunte Bildstreifen darauf zaubern.

»Genau wie du damals, als du mit deinem Motorfahrrad ohne Kopfschutz gefahren bist. Dein Enkel ist ebenso forsch, ein Wildfang. Du wolltest mir mit deinem gefährlichen Fahrstil imponieren, nicht auf deine Eltern und schon gar nicht auf mich hören und fühltest dich mit deinen siebzehn Jahren schon erwachsen. Dann bist du gestürzt. Bruchlandung. Kannst froh sein, dass ich dich auch mit deiner krummen Nase geheiratet habe.«

Ich bin irritiert. Diese liebenswerte, ältere Dame spricht ... über ihre Vergangenheit.
Aber Enkelkind? Urenkel erscheint mir sinniger. Ich sehe kein Kind dort unten auf der Straße. Vielleicht ist der Junge, über den sie gerade schimpft, ja schon wieder im Haus?
Sie sieht mich an und bittet mich, neben sich Platz zu nehmen. Hoffentlich hält die von Holzwürmern oder anderen Insekten durchlöcherte Bank das aus und kippt nicht um. Ich setze mich zu ihr. Gott sei Dank. Die

Bank ist fest am Erdboden verankert und wackelt nur ein wenig.

›Oh, Männer, meinen, sie hätten die Weisheit mit der Muttermilch aufgesogen. Hängen dauernd am Rockzipfel der Gebärerin. Als Kind wollen sie alles haben und wenn sie es nicht bekommen, schmollen sie. Ohne uns Frauen bleiben sie kleine Jungs, albern und hilflos. Wenn sie erwachsen sind, ändert sich auch nichts.‹‹

Ihr Blick wandert wieder zu ihrer linken Seite.

››Schau mich nicht so an. Man sagt doch, in jedem Manne steckt noch ein Kind. Im Alter wird das noch schlimmer. Das nennt man dann Altersstarrsinn. Schauen jedem Weiberrock hinterher, aus nostalgischen Gründen, falls sie sich noch erinnern können.‹‹

Die Frau dreht sich wieder zu mir und spricht mich an.

››Sind Sie neu hier, ich habe Sie noch nie gesehen?‹‹

Ich antworte, ich komme aus der Stadt, um hier an diesem schönen Fleckchen Erde ein wenig auszuspannen, mal für eine Weile Abstand von dem ganzen Trubel zu nehmen, der sich alltäglich in Firmen, Familien und überall auf den Straßen abspielt.

»Ach, ja«, sagt sie und schaut auf den leeren Platz neben sich, »siehst du, mein Herz, es kommen immer noch Leute in unser Dorf, in unsere kleine Welt, um Ruhe zu finden.
Es ist ja auch sehr idyllisch hier.
Da, jetzt ist es passiert! Nun liegt er auf der Nase. Es gibt doch Sturzhelme. Warum setzt er keinen auf? Verstehe, die neumodische Frisur sitzt dann nicht mehr. Eitelkeit ist euch Männern angeboren.«

Ich sehe nichts auf der Straße, nur einen Trecker mit Anhänger, der sich langsam durch die engen Kurven der Straßen von einem Haus zum anderen quält. Die Mitarbeiter der Stadt-Gärtnerei holen den Baum- und Strauchschnitt ab, um ihn zur Kompostierungsanlage in die benachbarte Kreisstadt zu transportieren. Sie sind wohl schlecht gelaunt, denn ich höre ihr lautes Gezeter bis hier herauf.
Genervt wäre ich vielleicht auch, wenn ich am Samstag so eine Arbeit verrichten müsste. Da geht es mir ganz gut, obwohl ich zu meiner Rente auch noch hinzu verdienen muss. Naja, der Rubel muss rollen. Ab und an möchte ich mir auch mal etwas gönnen, eine

Tasse Kaffee in angenehmer Atmosphäre und dabei mit netten Leuten plaudern.

Derjenige, der in dieser Zeit einen Job hat, kann froh sein. Es gibt genug Arbeitskräfte, die nur über eine Zeitarbeitsfirma in einem Betrieb arbeiten und nicht wissen, ob sie dort eine Festanstellung bekommen.
Viele befinden sich dadurch in der Warteschleife, wie bei einem Telefonanbieter. Was ist da mit Familienplanung, mit Alleinerziehenden mit Kind?

»Weißt du noch, mein Lieber, als wir hier aufgewachsen sind? Kaum Häuser, nur Felder, die von den Bauern beackert wurden. Ja, abgerackert haben sie sich alle. Geschunden für ein bisschen Speck, den sie auch auf den eigenen Rippen gebrauchen konnten. Leider hat es nicht funktioniert. Sie brauchten keine Schlankheitskur, denn die schwere Arbeit verbrannte jede Fettzelle ihres Körpers. Die Pfunde purzelten von allein herunter. Kalorien. Joule. War das eine Krankheit? Niemand hätte mit diesen Begriffen etwas anfangen können. Abends krabbelten ihre bleiernen Beine von allein ins Bett.«

Ein verschmitztes Lächeln huscht über ihre eingefallenen Wangen.

»Schönes Bild, die langen Unterhosen mit dem Latz vorne zum Aufknöpfen, die nur alle paar Tage gewechselt wurden.
Montags war Waschtag. In jedem Haus roch es nach Lauge von Kernseife, die wurde bekanntlich aus Knochen von Tieren hergestellt. Igitt.«

Ihr Gesicht verzerrt sich angeekelt zu einer Grimasse.

»Die Wäscheleinen in den Gärten bogen sich unter der Last der bunten Kochwäsche. Nicht jeder hatte das Geld, um sich die weiße Seidenbrokat-Damast-Bettwäsche zu kaufen. Nur die begüterten Bauern konnten ihren Töchtern die so genannte Aussteuer für die Hochzeit bezahlen. Was? Ich soll nicht so laut über die Leute reden? Viele besaßen damals überhaupt nichts. Einige, die keinen Grund und Boden aufweisen konnten, waren als Magd oder Knecht bei Großbauern in Stellung und wohnten auch da. Im Winter wurde viel Zeit im warmen Bett verbracht, es gab noch keinen Fernseher. Alle mussten Brennholz sparen. Kohle und Briketts waren nicht bezahlbar. In dieser Zeit sind viele Kinder geboren und dadurch bekamen die Mütter noch mehr Pflichten auferlegt. Du hast richtig gehört, die Frauen hatten doch die meiste Arbeit. Wenn ich an meine Mutter denke, was sie alles geleistet hat. Sie verrichtete ihren Dienst bis zur Erschöpfung. Ihr Körper war am Ende ausgezehrt und verbraucht. Lebensfreude und den Ausdruck Lebensqualität kannte meine Mutter nicht.‹‹

Die Dame hustet, atmet schwer und sackt in sich zusammen. Das Gespräch, obwohl nur sie *allein* redet, strengt sie sehr an.
Jetzt sieht sie noch kleiner und hilfloser aus, als vorher. Was mache ich? Ist denn hier wirklich niemand, außer ihr und mir? Sie schaut mir ins Gesicht, als hätte ich sie bei irgendetwas ertappt. Dann lenkt sie ihren Blick auf ihre Füße. Ich folge ihrem Augenspiel. Sie trägt selbst gestrickte, bunte Wollsocken und versteckt sie schnell in den viel zu großen, grau-schwarz-karierten Filzpantoffeln. Das sind eindeutig Männerhausschuhe.
Ist sie aus irgendeinem Haus, vielleicht sogar Heim, weggelaufen? Das Beste wird sein, ich nehme sie mit zu meinem Wagen, fahre hinunter in den Ort und frage die Bewohner, ob jemand diese kleine Frau kennt.

››Das wollten wir nicht‹‹, erzählt sie weiter, ››hatten andere Pläne, studieren, in die weite Welt hinaus, andere Kulturen kennen lernen und natürlich Spaß haben. Kinder wollten wir vorerst auch nicht, darum haben wir auch verhütet.

Macht das die Jugend heute auch?«

*Ihr Blick ist geradeaus gerichtet.
Will sie jetzt von mir eine Antwort? Was soll ich ihr sagen, da ihr Mann anscheinend anwesend ist. Ich zucke mit den Schultern, nicke verlegen und schaue zur Sonne hinauf. Diese wohltuende Wärme auf meinem Gesicht; und ich tauche für einen Moment in ein Flammenmeer ein, dessen heiße, wogende Wellen, meinen gestressten Körper gezielt durchströmen. Was für ein berauschendes, erregendes Gefühl.*

*»Gut«, sagt sie und spricht wieder mit ihrem Mann, »war auch besser so, denn als du in den Krieg ziehen musstest, wäre ich mit einem Kind allein zurückgeblieben. Und die Leute redeten immer, obwohl viele was zu verbergen hatten. Illegitime Kinder von Bauern und deren Mägden, da gäbe es einige Geschichten zu erzählen.
Über uns nicht.
Ja, sicher haben wir noch vorher geheiratet, du musstest ja zur Front.
Hast du das alles schon vergessen? Wie kann man das? Ich weiß es noch wie heute. Du hast heimlich einen Walzer geübt, weil du dich beim Hochzeitstanz nicht blamieren wolltest. Hat mir deine Mutter ins Ohr geflüstert. Reg dich nicht auf, es ist doch schon so lange her.*

Du kanntest sie doch. Man konnte ihr nichts anvertrauen.
Bist ja immer auf dem Schützenfestball bei mir auf den Füßen gestanden. Konntest nicht mal den Takt halten, darum wollte ich nicht mehr mit dir tanzen.
Aber geliebt, lieb gehabt, haben wir uns. Sag jetzt nicht, dass das nicht stimmt. Die Schmetterlinge in unseren schmächtigen Bäuchen kribbelten ganz schön. So, wie du immer hinter mir her geschaut hast mit deinen blauen Kullern. Ich habe schon wahrgenommen, dass du etwas von mir wolltest.‹‹

Ihr gebeugter Rücken bäumt sich ein wenig auf, ihre dunkel geränderten, zusammengekniffenen und tief liegenden Augen zucken schmerzlich, als sie in die Richtung sieht, in der sie ihren Mann wähnt. Ihre schmalen, farblosen und spröden Lippen bemühen sich zitternd um ein Lächeln. Eine Träne rinnt über ihre hohle Wange. Eine Perle, in der sich alle Farben eines Regenbogens vereinen, schimmert auf der matten, bleichen Haut. Sie lässt sie laufen, sich ihren Weg suchen. Wie anmutig sie aussieht.

War das, ist das, Liebe? Über den Tod hinaus?
Ein winziger Tropfen, der mein Innenleben noch mehr durcheinander wirbelt. Mein Herz

rast, das Blut fließt glühend durch meine Adern. Dieses überwältigende Gefühl von Verliebtsein habe ich auch kennen lernen, leben dürfen.

Was würde sie tun, wenn ich sie jetzt einfach in den Arm nehme? Nicht aus Mitleid, nein, denn sie erinnert mich an ...

Ich muss plötzlich an meine geliebte Oma denken. Wir sind sehr innig miteinander umgegangen. Meine Oma war immer für mich da, wenn ich sie brauchte und sie brauchte mich.

»Du warst achtzehn Jahre, als du deiner Mutter gesagt hast, dass du mich heiraten willst. Ich sehe noch genau ihr zerknirschtes Gesicht und wie sie sich ihre Lippen blutig biss. Ich dramatisiere nicht! Sie wollte unbedingt das Fräulein Tochter vom Bürgermeister zur Schwiegertochter. Die hatte eine Hornbrille mit dicken Gläsern und war hässlich; aber die hatten Geld und sie wäre dann immerhin mit dem Bürgermeister verwandt gewesen. Das hat deine Mutter damals überall erzählt. Ja, Einbildung ist auch ne Bildung. Aber du wolltest mich. Mein weißes Kleid war aus Omas Hochzeitskleid und meinem Kommunionskleid zusammengenäht. Sah irgendwie außergewöhnlich aus. Ja, einen Modezar kannten wir damals nicht. Dieser hätte es wahrscheinlich professionell kreiert,

nur wäre es für meine Eltern nicht erschwinglich gewesen. Wir haben geheiratet! Ich war so stolz, als mich mein Vater zu dir an den Altar führte.
Ja, ich gebe es zu, du warst, bist und bleibst meine einzige, große Liebe.‹‹

Sie stottert, erneut verirrt sich eine Tränenperle in ihr Gesicht.

››Ach, nicht nur wegen der Witwenrente. Sicher wolltest du mich auch versorgt wissen, wenn du nicht mehr zurückgekommen wärst, aber das war ja nicht der Hauptgrund. Du hattest Angst, dass ich einen anderen, hübscheren, kennen lerne und dass dieser mich dir wegschnappt. Eifersüchtig warst du! Außerdem hast du mir doch schon im Sandkasten zugeflüstert, dass du mich heiraten willst, wolltest dich sogar mit mir verloben. War das lustig. Aber woher Ringe nehmen? Kaugummiautomaten kannten wir noch nicht, hätten auch kein Geld für diese süße, verformbare Kaumasse bekommen. Taschengeld erarbeiten? Aber dafür waren wir noch zu klein und Kinderarbeit war und ist immer noch verboten.
Angeblich soll das Kauen positive Eigenschaften haben. Vor allem zur Stressbewältigung, außerdem würde das Konzentrationsvermögen gesteigert.

Ha, da kann ich nur lachen.
Du hast doch Tonnen von dem Gummi gekaut. Die Amerikaner, die nach Kriegsende in unserem Ort am Waldrand ein Zeltlager aufgebaut hatten, haben Mengen davon im Gepäck mitgebracht. Und?«

Sie trocknet die salzigen Tränen, in ihren scheinbar brennenden Augen, und die, die mittlerweile auf ihrem Rock angekommen sind, mit einem Spitzentaschentuch, welches sie aus dem linken, ausgefransten Kostümärmel hervor holt.

»Auf den Verlobungskuss warte ich heute noch, mein Herz. Wann du mich heiraten mochtest, konntest du mir aber nicht sagen. Lach nicht, ist nicht komisch. Erst versprechen und dann nicht halten. Habe lange auf deinen Antrag gewartet. Klar, erst die Schule und dann die Ausbildung. Das waren alles Ausreden, mein Lieber. Wir konnten uns nicht aus den Augen verlieren. In diesem kleinen Kaff war das gar nicht möglich. Wir besuchten dieselbe Schule. Du in der Jungenklasse, ich natürlich Mädchenklasse. Die Regeln der Schulbehörde mussten schließlich beachtet werden. So ein Quatsch. Wenn sich ein Junge mit einem Mädchen treffen wollte, hat er es immer geschafft. Scheingründe hatten die immer parat.«

Zaudernd und schweigsam legt sie den Stock auf ihren Schoß und faltet ihre kleinen, schmächtigen Hände wie zu einem Gebet.

Was passiert hier? Hat sie den Faden verloren? Wie viel Erinnerungen mögen in ihrem Gedächtnis gespeichert sein?

Es ist unglaublich, was ein Mensch alles in seinem inneren Tresor behalten kann. Gute und schlechte Zeiten.

Ich bin ganz schön neugierig, wie es weitergeht. Soll ich sie bitten, weiter zu erzählen? Nein, ich gestatte ihr den kleinen Moment der Ruhe.

Ich schlucke, eigentlich will ich mir eine kurze Verschnaufpause nehmen, aber jetzt bin ich in dieser, Geschichte gelandet.

Krieg möchte ich nie erleben.

»In den Pausen tauschten wir heimlich unsere Butterbrote. Auf deinen Stullen war Leberwurst, auf meinen Käse. Den mochte ich nicht, der roch so streng. Du warst mein Retter. Mein Prinz ohne Pferd. Mutter hat sich gefreut, dass ich meine Schnitten immer brav aufaß. So sind Mädchen nun mal erzogen worden. Gehorsam.

Dann kam der Krieg und die Entscheidung wurde uns abgenommen.

Gott, wir sind noch so jung und unerfahren gewesen.

Erinnerst du dich, als du nach zwei Jahren von der Front heimgekommen bist? Deine Mutter ist durch die ganze Ortschaft gerannt. Mein Sohn kommt, er lebt! Sie rief es so laut, dass es jeder hören konnte.

Du kamst nach Hause, in die kleine Kammer über der Scheune, die deinen Eltern gehörte. Im Haus war ja wenig Platz. Da oben war unser kuscheliges Reich, unser Schwalbennest unterm Dach, mit wenigen Möbeln, einem Schrank, einem kleinem Tisch und zwei Stühlen. Ja, grins nicht so, auch ein Bett stand dort. Wir machten es uns gemütlich, auf unserem Nistplatz, so gut es ging. Gekocht wurde bei Mutter. Bratkartoffeln oder Mehlpfannkuchen gab es oft. Die mochte ich am liebsten mit Äpfeln.

Da standest du nun mit deiner Krücke. Dein linkes Knie war durch Granatsplitter schwer verletzt. Ach, Walzer tanzen konntest du ja sowieso nicht.

Das Förderliche an deiner schlimmen Verletzung war, dass du nicht mehr in den Krieg ziehen musstest. Ausgemustert. Gott, war ich froh und glücklich, dass du wieder bei mir warst. Ich bin in die Kirche gerannt und zündete eine große Kerze an. Die paar Pfennige opferte ich gern. Dann lief ich schnell zurück nach Hause.

Ich goss dir heißes Wasser zum Baden in die Zinkwanne. Da lachte dein kummervolles

Herz, schlug Purzelbäume vor Freude. Ich seifte dein mageres Skelett vorsichtig und gründlich mit dem Waschlappen ein. Nein, nur den Rücken. Weiter durfte ich nicht, dass konntest und wolltest du allein. Deine Hände sind auch größer als meine.‹‹

 Sie betrachtet ihre linke Hand und lächelt belustigt, wohl auch über sich selbst.

››Deine Bekleidung stank fürchterlich. Ich musste sie tagelang in Schmierseife einweichen. Gott sei dank sind die Untermieter ausgezogen. Welche Untermieter? Die kleinen Bewohner, die sich mit ihren Kauwerkzeugen in deiner dünnen Haut festgebissen und in deiner Unterwäsche eingenistet hatten. Die Läuse meine ich.
Ganz stolz zeigtest du mir dann deine Socken, selbst gestopft.
Ich glaube, ich habe mich damals ganz schön amüsiert, weil sie so anders aussahen. Kein Mucks von dir, aber dein seltsamer Blick sagte alles. Ehrlich, du dachtest, ich lache dich aus. Nein, ich habe dich nicht verspottet, sondern über die Socken gefeixt. Wenn ich die so *verschönert* hätte, wären sie im Müll gelandet. Die Löcher einfach nur mit Zwirn zusammenziehen ist nicht stopfen. Aber zum Boden schrubben waren sie gut genug. Natürlich vorher gewaschen. Ich wollte den

Geruch nicht auf dem Fußboden verteilen! Es war ein ekelhafter Gestank, roch nach Verwesung einer toten Katze. Den kenne ich.
Reg dich bitte nicht schon wieder auf. Es war so!
 Sauber, aber etwas konnten wir erst mal vergessen. Die Wundschmerzen in deinem kaputten Knie plagten dich sehr. Angeblich störte es beim ... Du weißt, was ich meine. Liebkosen, Zärtlichkeiten austauschen, mehr vermochten wir nicht. Das konntest du gut, so leidenschaftlich, dass ich manchmal dachte, ich werde verrückt vor Glück.«

 Impulsiv schießt glühende Röte in mein Gesicht und die Feuersäule lodert im ganzen Körper. Verlegen und erhitzt blicke ich mich um. Es ist wirklich sehr schön hier.

 »Und dann hast du mir doch noch zwei bildschöne Kinder gemacht. Warum ich das so sage? Weil es ein wundervolles Gefühl ist, ein Kind in sich heranwachsen zu spüren. Ja, ich weiß, ich bin dadurch erst dick und dann dürre geworden. Kinder ziehen ja auch Energie. Denk mal zurück, es war ja auch eine Zeit der Entbehrungen.
 Die letzten Kartoffeln haben wir vom Acker gesucht, Reisig aus dem Wald gekl..., gesammelt, einen Ast angespitzt. Dann die trockenen Pflanzen angezündet und die kleinen

Kartoffeln, die wir auf den Stock spießten, in einem Feuer auf dem Feld gebraten. Heute sagt man wohl gegrillt. Die Kartoffeln dufteten und schmeckten so himmlisch, auch ohne Salz. Da waren wir für einen kurzen Moment glücklich. Die Arbeit auf dem Feld war sehr anstrengend, da dein Vater und wir alles ohne Maschinen bearbeitet hatten, nur mit unseren Händen. Die sahen auch dementsprechend aus, mit Schwielen und aufgeplatzten Blasen.

Dein Vater tauschte in der Zeit Schweinefleisch gegen Milch und Brot, brachte dir ab und zu ein Ei und eine dicke Scheibe Speck mit, damit du kein Klappergestell bleibst. Geräucherter Speck mit Senf auf Brot war damals Luxus. Da läuft mir jetzt noch das Wasser im Mund zusammen. Heute kennt das wohl kaum noch jemand.«

Die kleine Person sitzt jetzt ganz still und in sich gekehrt. Schaut sich immer wieder um, als ob sie jemanden sucht.
Ich atme tief durch.

»Siehst du, da unten wohnt unser Sohn, mit unserem Enkelkind. Ja, nur ein Enkel. Es ist nun mal so, wenn deine Tochter und ihr Mann doch kein Kind wollten und lieber in einer großen Stadt wohnen und dort arbeiten. Was meinst du damit, der *konnte* nicht?

Hack nicht so auf deinem Schwiegersohn rum, ist doch nicht unser Problem. Dein Liebling, dein Schätzchen, ist doch damit einverstanden und mit ihm glücklich. Sie haben sich eben arrangiert. Seit ihrer Geburt achtest du auf die Kleine. Verhätschelt und vertätschelt hast du dein Küken. Wie eine Glucke hast du über sie gewacht. Keinen Schritt durfte das Fräulein ohne dich machen. Sogar zum Tanzkurs hast du die Demoiselle begleitet. Bist so lange im Saal gesessen, bis die Stunde beendet war, um sie dann wohlbehalten wieder mit nach Hause zu nehmen. Du eifersüchtiger Kerl und kein Mann war gut genug für dein Juwel.

Meinst du es war richtig, die Kinder in diese Welt zu setzen?

Was, warum ich so komisch frage? Wir wollten doch damals keine?

Wir wollten reisen, die Welt sehen und nicht hier, in diesem kleinen Ort unseren Lebensabend, wie du es immer nanntest, verbringen. Wer hatte denn die Arbeit im Haus und Garten, mit den Kindern und dem Getier? Unnützes Viehzeug war das für dich. Du schwärmtest von Luxuskarossen und Bungalows.

Naja, viel Vieh blieb uns nicht mehr. War auch gut so. Eine Sau mit ihren sechs Ferkeln, die dauernd quiekten und ein stolzer Gockel mit seinem Harem, den dummen Hühnern.

Du nanntest auch die Tochter vom Nachbarn so. Doch, du erklärtest, da kommt das Küken, das dumme Huhn wieder, denn jedes Mal wenn sie Eier bei uns holte, fragte sie, habt ihr auch einen Hahn?

Bitte? Bleib friedlich. Sicher haben die Männer gearbeitet, soweit es damals Arbeit gab und ein bisschen Geld nach Hause gebracht. Um die Familie zu ernähren reichte es trotz allem nicht.

Ja, und Frauen haben nichts getan, kein Stück Land umgegraben, kein Gemüse gepflanzt und geerntet, kein Obst gepflückt, stundenlang alles geschält, geschnippelt. Die Gummis, Klammern, Einweckgläser gespült, befüllt, in den großen schweren Topf auf dem Kohleherd ins Wasserbad gestellt, abkühlen lassen und im Keller eingelagert. Diese Schlepperei. Und ohne Hilfe.«

Ihr Gesichtsausdruck verändert sich. Ist nicht mehr so weich. Etwas Anderes keimt in ihr auf. Wut oder Ärger?

Ruhiger, wohl mit sich versöhnt, schildert sie ihrem Mann weitere Details aus ihrem früheren Leben.

»Nach dem Schlachten der Schweine wurde das Fleisch für die Würste zerkleinert und in die in Salzlake gereinigten Därme gepresst. Anschließend gebrüht oder in der Räucherkammer haltbar gemacht. Aus dem Kopf und den Füßen wurde Sülze gekocht und auch eingeweckt.

Ställe wurden ausgemistet und mit der Gülle unsere Felder gedüngt. Das war noch Naturdünger.

Die viele Wäsche haben wir am Waschbrett gewaschen und im Garten getrocknet und anschließend mit diesen schweren Gussdingern, die auf dem Kohleherd erhitzt wurden, gebügelt, die Männer wurden bekocht und Rotznasen geputzt. Auf den Knien die alten Dielenbretter geschrubbt. Soll ich weiter reden? Ich weiß, wovon meine Knie immer wund gescheuert waren, vor allem im Sommer, in der Hitze.

Du bist ja auch den ganzen Tag in der Stadt, im Stahlwerk, gewesen. Wegen deiner Behinderung konntest du eine leichte Tätigkeit annehmen. Nach einem, ´arbeitsreichen Tag´, so hast du deine Anwesenheit im Werk beschrieben, wolltest du immer deine Ruhe, abschalten. Von was? Für mich ging es nach dem Abendessen in der Küche weiter. Spülen und aufräumen. Für mich gab es nie Feierabend.

Wieso?

Wer ist nachts aufgestanden, wenn die Kinder den ersten Zahn bekamen, und jammerten? Oder wenn sie mit Fiebergrippe zu Bett lagen und musste die Waden einwickeln, damit die Temperatur sinkt. Eine heiße Suppe bringen damit sie schneller gesund wurden.

Und dann den nächsten Tag durfte ich mit dem ersten Hahnenschrei aufstehen.

Wer hat die Hühner geschlachtet, gerupft, dann die Hühnersuppe gekocht, die du auch so gerne mochtest? Wer hat sich mit den Hausaufgaben der Kinder beschäftigt? Wer ist mit ihnen zum Bach gegangen, damit sie schwimmen lernen konnten? Warum zum Bach? Hier gab es doch kein Schwimmbad. Du kannst dich aber wirklich an gar nichts mehr erinnern.

War mir klar, deine so genannten ‚Vereinstreffen', die muss man ja im Kopf haben. Immer wenn der Fußballverein rief, warst du flink unterwegs, auch mit Stock. Ja, jetzt schimpfe ich mit dir. Das hätte ich viel früher machen sollen. Ich war nicht eifersüchtig. Auf was und wen denn auch? Auf deine angetrunkenen Kumpane? Nein!

Ja, natürlich hatten wir Frauen unser Kaffeekränzchen. Auch mal mit selbst gemachtem Eierlikörchen ... Die Hühner legten doch genug Eier. Und zudem, mein Lieber, haben wir Frauen dabei gestrickt, gehäkelt und genäht. Aus alten Sachen neue gezaubert. Du hast gesagt, die selbst gestrickten Pullover halten dich warm. Und dein Anzug kam auch nicht vom Schneider. Ja, ein wenig zu eng und die Hose zwei Zentimeter zu kurz, aber er stand dir ganz gut. Vor Hochwasser brauchtest du keine Angst zu haben, die Hose wäre nicht eingelaufen.«

Die Frau neben mir lacht laut und hopst voller Enthusiasmus. Ich bekomme Angst, dass die Bank durch diese Erschütterungen doch zusammenbrechen könnte. Aber nichts passiert.

»Unserer Nachbarin gefiel der Anzug. Aber vor allem der, der in ihm steckte. Puh, ihr sind fast die Augen aus dem Kopf gefallen. Wie die dich angesehen hat. Deine Gesichtsfarbe änderte sich schlagartig von bleich auf hochrot. Meinst du, ich merke nicht, wenn du nach anderen Frauen schaust? Tust du nicht? Jetzt lügst du!«

Stillschweigen.
Fahre ich wieder zurück in die Stadt? Ich weiß nicht, ich kann diese liebenswerte Dame, die mir so viel aus ihrer Vergangenheit erzählt, hier nicht allein sitzen lassen. Sie dreht sich langsam zu mir und wir haben den ersten intensiven Blickkontakt. Hat sie mich erst jetzt wahrgenommen? Aber sie hat mir doch den Platz neben sich angeboten und schon einige Fragen an mich gerichtet.
Merkwürdig ist das schon und auch irgendwie drollig. Spielt sie mir hier eine, an De-

menz erkrankte Person vor, oder befindet sie sich tatsächlich ´zeitweise` in einem anderen Leben.

››Wissen Sie, meine Kinder sind toll. Sie sind gut erzogen worden. Sie erlernten nach dem Studium einen tollen Beruf, verdienen gut Geld, bauen Häuser, reisen viel und sehen sich die bunte Welt an. Sie lernen fremde Kulturen kennen. Das, was mein Mann und ich uns vornahmen, leben unsere Kinder. Und unser Enkelkind bekommt alle seine Wünsche von seinen Eltern erfüllt, was uns damals finanziell nicht möglich war.
Aber mein Mann und ich vermittelten ihnen Werte. Leider sind Tugenden in der heutigen Zeit bedeutungslos. Es zählen andere Werte, es geht nur noch um Geld.`
Sie haben nie etwas unrechtes getan, hoffe ich doch. Ich weiß von keiner Schandtat. Dass sie ab und zu den Erwachsenen Streiche spielten, wer hat das nicht als Kind?‹‹

Sie wendet sich von mir ab und spricht wieder mit ihrem Mann.

››Du konntest es doch auch. Hast deiner Mutter oft einen kleinen, grünen Frosch in ihre alten Schuhe, die sie zum Stall ausmisten anzog, gesteckt.
Aber geküsst hat er deine Mutter nicht.‹‹

Wieder lacht sie schallend auf. Ihre Augen funkeln und strahlen wie Diamanten. Auch ich kann mir das Lachen nun nicht mehr verkneifen.
 Ich will ihr sagen, dass mich ihre Geschichte sehr berührt und begeistert, doch sie ignoriert mich und plappert munter weiter. Schade, ich hätte gern mit ihr ´persönlich´ geplaudert.
 Verweile weiterhin, als stumme Zuhörerin.

»Einmal ist sie vor Schreck in die Mistgrube gefallen. Ich sehe den Hosengürtel von deinem Vater noch, der auf deinem nackten, knackigen Po ...
 Tat mir nicht weh. So eine Bestrafung kennt unser Sohn nicht. Weil du dich daran erinnert hast, wie lange du nicht sitzen konntest? Bist auf einem Kissen gesessen, weich, von den Federn eurer Hühner.«

Sie plustert sich auf und gackert wie ein Huhn. So viel Temperament habe ich dieser silberhaarigen Frau nicht mehr zugetraut. Ich bin total überrascht.

»Genug, genug Schadenfreude.
Ja, ich weiß, wir durften oft Kindermädchen spielen.
 Du hattest aber auch viel Spaß mit deinem Enkel. Du brachtest ihm das Fahrradfahren bei und bautest mit ihm in deiner kleinen, so

genannten Werkstatt eine Holzeisenbahn. Viele Stunden hast du mit ihm in dieser Holzhütte gesessen. Behaglich eingerichtet hattest du sie, das muss ich dir zugestehen, das konntest du. Fantasie beflügelte dich oft. Ich weiß, wovon ich rede.«

Sie schaut entrückt zum Himmel, als befände sie sich in diesem Moment wiederholt in einem fernen Universum.

»Gemütlich ist es gewesen, in deiner kleinen Männer-WG.
Wie? Den Ausdruck kennst du nicht? Wohngemeinschaft; ist doch heute im Trend. Das ist auch so ein neumodisches Wort; vor allem für alte Leute. Ich habe es neulich gehört, als sich darüber unterhalten wurde. Ich und neugierig? Nein! Ich habe nicht gelauscht, stand zufällig daneben. Die Betagten unterstützen sich gegenseitig, jeder macht was er noch kann. Kochen, putzen, waschen, alles ist geregelt. Und wenn einer ausfällt, kommt der Nächste. Was, makaber? Ja, ist so. Wir werden alle ersetzt.
Ach, komm, du bist doch stolz auf deinen Enkel. Was, nervig? Warum haben wir nie darüber geredet? Ich dachte immer, dass es dir gefällt, etwas mit ihm zu gestalten. Wie, du hast die Zeit mit ihm verbracht, damit du nicht immer meine Nörgelei hören musstest?

Ich und nörgeln? Mir gingen deine Kneipengänge am Sonntag und deine Kumpel auf die Nerven.

Vor allem der Lange, der oft mit uns kam. Puh, hatte ich den gefressen. Sitzfleisch hatte der. Ich konnte sagen, was ich wollte. Der stand nicht auf. Was meinst du? Er war beleidigt, weil ich ihm deutlich zu verstehen gab, dass er gehen soll? Klar, es war doch immer so spät, und wer musste den nächsten Tag früh raus? Du konntest doch liegen bleiben, Frührentner!

Jawohl, Frührentner, soll ich das wiederholen? Das willst du alles nicht mehr wahrhaben.

Frühschoppen, was für ein Geistesfunke. Wer hat es erfunden? Männer. Die Frauen schufteten zu Hause am Herd und warteten mit dem Essen auf den gnädigen Herrn.

Wenn du spät aus dem Gasthaus gekommen warst, hattest du keinen Hunger. Musstest erst ein Nickerchen auf der Couch machen. Mehrmals musste ich das Mittagessen am Abend aufwärmen.

Wir haben viel für unsere Kinder getan. Was heißt, ob das alles richtig war? Wir mussten uns eben damals durchkämpfen, mit deinem geringfügigen Einkommen schafften wir es, unser kleines Häuschen mit dem schönen Garten zu bauen.

Ja, *meinem* Garten. Blumen, Gemüse, alles von *mir* angepflanzt, weil du keine Ahnung davon hattest. Vegetation war für dich ein Fremdwort. ‚Für das Unkraut ist meine Frau zuständig.' Puh, wie oft habe ich den Satz von dir gehört. Jedes Mal wenn ein Nachbar meinen Vorgarten bewunderte, musstest du diesen Kommentar wiederholen. Dein Rasen wurde nicht gerühmt, weil er immer zu hoch wuchs. Du hast ihn oft mit der Sense geschnitten, buchstäblich niedergemacht. Ach, mein Lieber, das ist doch schon lange her. Warum darüber diskutieren.

Heute ist alles anders. Unsere Kinder besitzen moderne Geräte. Ja, wenn das alle präsentieren, müssen sie das nachäffen. Das ist nichts mehr für uns. Lass sie doch. Wir sind nicht mehr für sie verantwortlich, wann kapierst du das endlich? Außerdem kümmern sie sich doch rührend um uns.

Ach, du schon wieder. Dein Gedächtnis ist nicht auf dem Laufenden.

Kümmern, ich bin noch ganz klar im Kopf, im Gegenteil zu dir.

Bitte, was sagst du? Ich, ich, ich, …

Wenn sie doch kein Zimmer für uns frei haben?

Sie haben doch so oft Besuch und feiern nun mal gern.

Aber ich bin nicht traurig!

Das kleine Zimmer in dem großen Haus ist doch recht nett. Es ist genug Platz und Raum für uns und unsere Möbel. Wir besaßen damals auch nicht mehr. Und das Essen ist auch passabel.
Wie, der Fisch, den sie uns freitags immer auftischen, riecht so komisch? Stell dich nicht so an, denk mal an früher, da wären wir froh gewesen wenn wir Fisch bekommen hätten.
Was meinst du damit, abgeschoben? Meine Erziehung sei schuld daran?«

Ärgerlich stampft sie mit dem Stock so fest auf den Boden, dass einige aufgewühlte Kieselsteine einen stürmischen Luftsprung machen und gereizt runterrasseln.

»Mein Mann muss immer das letzte Wort haben.«

Ich bin echauffiert. Das Blut pocht heftig in meinen Venen. Wie lange sitze ich hier eigentlich schon? Es müssen Stunden vergangen sein. Ein leichter, frischer Wind kommt auf, lässt mich frösteln. Die Sonne liebkost mit einem verblassten Kuss die Baumriesen, bevor sie den Zenit überschreitet und von uns Abschied nimmt.
Schade.
Nehme ich diese Frau jetzt mit?

Ein knirschendes Geräusch wie von einem Handwagen, der über Geröll gezogen wird, ertönt hinter der Biegung. Gleich darauf steht ein junger Mann mit einem Rollstuhl vor uns.

»Ach, hier sind Sie! Gut, dass wir Ihren Lieblingsplatz mittlerweile kennen. Es ist Zeit für das Abendessen. Können wir gehen?««

Der Pfleger- so sieht er jedenfalls aus - schaut mich an, grüßt und nimmt die zierliche Frau am Arm. Er setzt sie sehr sanft und liebevoll in den Rollstuhl. Sie sträubt sich ein wenig und möchte wohl lieber laufen.
Ich will ihn fragen, wo diese beherzte Dame wohnt und wie alt sie ist. Als habe der junge Mann meine Gedanken erraten, sagt er zu der zierlichen Frau:

»Meine gute Elisabeth, wir wollen doch nicht, dass Sie fallen und nächsten Sonntag Ihren neunzigsten Geburtstag im Haus ´Rosengarten´ im Bett feiern müssen. In dem Zimmer ist kein Platz für uns alle. Sie haben mir auch einen Geburtstagstanz versprochen. Ihre Lackschuhe sind schon geputzt.««

Mit einem gewieften Lächeln schaut mich der Pfleger an und nickt mir zu. Fast gehorsam wie ein Kind lehnt sich die liebenswerte Dame, so, wie es ihr mit ihrem krummen Rücken möglich ist, stolz und aufrecht an der Rückenlehne des Rollstuhls an.

»Los geht's, aber vergessen Sie meinen Liebsten nicht, der kann doch nicht so schnell. Er hat ein kaputtes Knie! Wir müssen langsam gehen. Komm, du Liebe meines Lebens.
Ist der Anzug von meinem Herzblatt gebügelt und sein weißes Hemd? Sind seine Schuhe gewienert? Mit Spucke geht das am besten. Den ersten Tanz habe ich nämlich *ihm* versprochen. Ich traue mich aber nur, weil ich Geburtstag habe. Und wenn er mir auf die Füße tritt, sind Sie ja da. Dann dürfen Sie mich auffordern. In Ordnung?«
»Okay«, sagt der Pfleger grinsend und verabschiedet sich ohne Worte. Er schiebt mit einer Hand den Rollstuhl, die andere hängt in der Luft, so als habe er jemanden eingehakt.
Ihr Taktstock schwingt munter. Ihre Lebensgeister sind voll da, als sie anfängt zu summen und dann leise »*eins, zwei drei, - eins, zwei, drei*« singt. Ihre kleinen Füße zappeln unruhig in den viel zu großen Filzpantoffeln über die Fußbretter. Es ist ein Walzer.

Ich werde noch eine Weile hier sitzen bleiben und überlegen, ob ich die reizende Dame an ihrem neunzigsten Geburtstag besuche. Ob ich noch mehr über sie und ihren Mann erfahren kann, über die Kriegs- und Nachkriegszeit.

Diese kleine, vom Leben erfahrene Person erzählte so leidenschaftlich und schillernd über ihr Leben und ihre große Liebe.

Meine Wissbegierde ist entbrannt und lässt mich auf meine Kindheit zurückblicken. Wie ist das gewesen, als ich ein Kind war? Ich bin nach dem Krieg aufgewachsen, habe ähnliche, sogar identische Erlebnisse gehabt. Die Geschichte dieser smarten Person zieht sich wie ein roter Faden durch mein Leben und die Erinnerungen an meine Eltern und Großeltern.

Meine Eltern, wie haben sie das alles verkraftet? Vier Kinder ernährt und erzogen. Sie haben nie geklagt und ihr Dasein gemeistert, den Umständen gemäß.
Und heute?

Sonntag.
Es ist kurz nach neun. Ich habe nicht gut geschlafen. Mein Schädel brummt. Nach dem Erlebnis gestern schwirrten mir so viele Gedanken durch den Kopf. Bis halb drei Uhr nachts habe ich im Wohnzimmer gesessen, den Tag noch mal Revue passieren lassen.
Hoffe, dass die Wechseldusche mich belebt. Ich werde nach dem Frühstück alles, was mir noch im Gedächtnis geblieben ist, aufschreiben.

Der Herbsthimmel ist heute verhangen, schattige Wolken verfinstern ihn, schieben sich vor meine geliebte, herzstärkende Sonne. Tanzende, jungfräuliche Wassertropfen paaren sich mit dem Land. Mir bleibt wohl nichts anderes übrig, als abzuwarten, bis der Regen nachlässt. Vielleicht ist es nur ein kurzer Schauer. Die Bäume schwanken heftig, sodass die Blätter herunter purzeln, wie von Geisterhand in die Luft gehoben werden und endlich, nach einem Salto zu Boden gleiten.

So schnell, wie der Wolkenbruch gekommen ist, ist er auch vorbei. Ausgeweint ziehen die düsteren Schatten weiter. Der Himmel klart auf und Lichtkegel reflektieren auf den Fensterscheiben. In den kleinen Wasserlachen putzen die Meisen ihr Gefieder. Sie haben sichtlich Spaß dabei, denn sie hüpfen und springen. Ich denke, Vögel fliegen? Gut gelaunt und albern mache ich einige Notizen.

Es wird aber doch ein ernstes Thema!
Wie war das mit der Ernährung nach dem Krieg?

Was geht es uns gut. Die Geschäfte sind überfüllt mit Lebensmitteln. Obst und Gemüse ganzjährig erhältlich.

Ackerland wird mit Pestiziden überdüngt, verseucht. Gemüse wird als „Bio" verkauft. Gibt es das wirklich? Wie viele Jahre muss ein Landwirt seine Felder brach liegenlassen, damit der Boden sich von der Chemie erholt, um wirklich Biogemüse darauf züchten zu können?

Müssen wir eigentlich Erdbeeren im Winter essen? Ich kannte im Winter nur Kohlsorten, Spargel im Frühjahr, einige Obstsorten im Frühjahr oder Herbst. Fleisch gab es nur am Wochenende und Fisch am Freitag. Auch wenn das Zuchtfleisch, ob Schwein, Rind oder Huhn mit Hormonen belastet ist, so werden jedes Jahr Tonnen davon verzehrt. Sind wir so programmiert? Hat das was mit der Steinzeit zu tun? Die Mastbetriebe und das darin produzierte Fleisch, werden angeblich von Veterinären kontrolliert. Rinderwahn, Schweinepest und Vogelgrippe sind Krankheiten, die global epidemisch agieren. Aber woher kommen diese? Hierüber machen sich nur *Wenige* Gedanken. Auch nicht über die Produktion, wie viel Energie und kostbares Trinkwasser zur Herstellung für nur ein Kilo Fleisch benötigt wird. Die Tiere werden quer durch Europa, von einem Betrieb zum Nächsten gekarrt. Viele kommen dabei um. Sterben mangels Trinkwasser, durch Überhitzung und Platzmangel in den Viehtransportern.

Von den Schlachtbetrieben möchte ich gar nicht reden. Hauptsache billiges Fleisch. Im Sommer, Grillzeit, können die Einkaufswagen nicht groß genug sein. Prall gefüllt sind sie mit Körperteilen von Tieren, als Steak, Rippen oder Wurst in verschiedenen Variationen.

Das muss ich nicht haben. Ab und zu als Genuss, ja, aber nicht aus Völlerei.

Haben wir keine Achtung mehr vor der Kreatur, die für uns gemästet, geschlachtet und getötet wird, damit wir uns die Bäuche voll schlagen können? Kein Wunder, dass die Menschen immer fülliger werden. Der Krieg, Zeit der Entbehrung und das nachfolgende Wirtschaftswunder mit Esslust sind längst vorbei. Wir sind im Schlaraffenland, leben im Überfluss und müssen keinen Hunger erleiden. In vielen älteren Köpfen steckt das aber noch fest.

Für die jungen Menschen ist das überproportionale Angebot selbstverständlich, sie wachsen damit auf. Sehen und kennen nichts anderes. Woher auch, wenn die Eltern es ihnen vorleben, das riesige Angebot nutzen? Es werden unglaublich viele so genannte „Sonderangebote" gehortet. Wann wollen sie das alles verzehren?

Was wir nicht essen, nicht essen wollen oder zu viel einkaufen, kommt auf den großen Müllhaufen. Ich schließe mich da nicht aus. Auch mir passiert es, dass ich zu viel einkaufe.

So, für heute habe ich genug geschrieben. Morgen ist auch noch ein Tag.

Ach, da fällt mir ein, dass meine Großeltern in dem Haus, in dem wir alle wohnten, nicht nur Hühner- sondern auch einen Schweinestall hatten. Jedes Jahr kam ein Metzger aus der Nachbarschaft zu uns und schlachtete eine Sau. Wir Kinder wurden dann immer ins Haus geschickt, durften das Töten des Tieres nicht mit ansehen. Manchmal schlichen wir uns heimlich hinaus und sahen das tote Schwein an einer Leiter hängen, bevor es ausgeweidet wurde.

Montag.
 Das Wetter ist wie gestern, mal grau und mal trauen sich ein paar gebündelte, goldfarbene Sonnenstrahlen durch das Wolkendach. Ich habe Kopfschmerzen. Wahrscheinlich habe ich am Samstag zu viel Sonne abbekommen. Mein Gesicht ist noch leicht gerötet und meine Augen brennen.
 Später muss ich einkaufen, meine Wäsche bügeln und an meinen Notizen arbeiten.

 Milch und Äpfel darf ich nicht vergessen, ich will mir Mehlpfannekuchen backen. Mit Zimt und Zucker bestreut sind diese sehr lecker. Ich habe seit Samstag so richtig Heißhunger auf diese kleinen Kraftbomben. Komisch.
 Also los. Milch kaufen.

Viele Milchbauern werden in den Konkurs getrieben, weil die Milch durch die gesteigerte Produktion zu preiswert abgegeben wird und sie somit zu wenig daran verdienen.

Aber wohin mit dem Überschuss? Ausgießen? Hinzu kommt, dass durch Klimawandel und Erderwärmung, große Naturkatastrophen, Hitze und Überschwemmungen, Getreideernten, auch das Raufutter für das Vieh, weltweit vernichtet werden. Nicht vergessen, aus Biomais wird Kraftstoff gewonnen und dadurch vielen Menschen das Grundnahrungsmittel versagt. Sie müssen es käuflich erwerben, anstatt es für den Eigenbedarf selbst anbauen und nutzen zu können. Menschen in vielen Ländern der Welt leiden Hunger und könnten durch unsere entsorgten Lebensmittel ernährt werden. Nur leider ist die Entsorgung für westliche Betriebe ertragreicher. Es gibt Unternehmen, die durch Abfall reich werden. Skrupellose Geschäfte werden getätigt. Eine Schande.

Liegt es an Misswirtschaft? Börsenmakler spekulieren sehr erfolgreich. Unter anderem auch mit Lebensmitteln. Riesige Gewinne werden hierdurch für Aktionäre erzielt. Gewissen? Na, ja, mit Geld schläft es sich ruhiger. Oder?

Können wir mit dieser Erkenntnis die Welt retten?

Das Individuum kann nur einen kleinen Teil dazu beitragen, indem es mit vielen kommuniziert, auf die Probleme aufmerksam macht und um Gehör bittet. Vielleicht hört ja mal einer zu.

Gott sei Dank gibt es noch so etwas wie Menschlichkeit. Wenn auch wenig. Leute, die sich ehrenamtlich um Menschen in Not kümmern. Sie haben in einigen Städten die so genannte Tafel eingerichtet. Hier werden gespendete Lebensmittel umsonst, oder für minimales Entgelt abgegeben.

Jetzt habe ich Milch und Äpfel eingekauft. Zu blöd, wieder vergessen nachzuschauen, ob die Eier im Kühlschrank, fristgerecht haltbar sind. Ich fahre nicht noch mal mit dem Auto los, um frische zu kaufen. Sprit für eine Packung Eier verschwenden? Nein, dann gibt es nur ein Butterbrot.

Hühner, da fallen mir spontan die vielen Hühnerfarmen ein. Die Eier werden in riesigen Maschinen ausgebrütet. Nach dem Schlüpfen werden die Kranken aussortiert, männliche Küken sofort getötet und im Schredder zerkleinert. Die Übrigen zu Tausenden an Betriebe geliefert, in denen auch sie speziell gezüchtet werden. Sie fressen den ganzen Tag, bis sie nach einem Monat ihr Gewicht für die Schlachtung erreicht haben.

Eine halbe Milliarde Hühner werden so pro Jahr für uns als Billigfleisch produziert. Erschreckend. Gezüchtet zum Sterben. Da wir mit unserem zivilisierten Lebensstil sehr verwöhnt sind und nur das Beste vom Tier essen wollen, werden die übrigen Kleinteile ins Ausland verschifft. Den einheimischen Völkern, die vom eigenen Hühnerbestand leben, um sich einen besseren Lebensstandard aufzubauen, wird auf diese Weise die Existenz genommen.

Okay, alles im grünen Bereich. Meine Gelüste können ausgelebt werden. Pfannkuchen. Himmel, lecker. Ich werde für meinen Sohn einige übrig lassen. Er ist auch so ein Leckermäulchen.
So, schreibe ich weiter? Nein, für heute ist es gut. Morgen geht es weiter.
Ach, eine Geschichte fällt mir noch ein. Einmal ist meinem Großvater der Gockel, nachdem er ihm mit dem Beil den Kopf auf dem Holzblock abgehackt hatte, abgehauen. Kopflos rannte der Hahn noch einige Meter über den Hof. Mein Opa war so erschrocken, dass ihm das Beil aus der Hand und auf den Holzschuh gefallen ist. Der Schuh war gesplittert, die Zehen aber noch dran.

Dienstag.
Ich habe letzte Nacht von meiner Oma geträumt. Früher, das heißt, bis mein Sohn geboren wurde, hatte ich Albträume.
Die, und eine andere Geschichte habe ich mal aufgeschrieben, für mich zur Erinnerung.
Eine kleiner Text daraus:
Meine Oma war immer für mich da und beschützte mich wenn ich sie brauchte. Vor allem des Nachts, wenn ich mal auf das Klo musste. Das Plumpsklo war unten im Haus, neben dem Schweinestall. Ich hatte panische Angst hinunterzugehen. Manchmal huschten Wasserratten durch den Hühnerstall und flitzten dann ins Haus. Sie kamen von dem Kanal, der hinter dem Grundstück floss. Bei Hochwasser war es besonders schlimm. Gruselige Tiere mit langen Schwänzen.
Ich bekomme jedes Mal eine Gänsehaut wenn ich daran denke, oder es jemandem erzähle.

So, Haare stylen, der Job wartet. Nach Feierabend werde ich noch kurz durch die Stadt laufen und mal Schaufenster ansehen. Keine Ahnung, welche Farben in diesem Herbst Trend sind. Es nieselt wieder. Noch einen neuen Schreibblock kaufen und dann nach Hause. Ich werde mich gemütlich mit einem guten Buch auf die Couch legen. Ach, mein Sohn will auch noch von seiner Schicht abgeholt werden. Gut, danach ins Bett. Lesen hat sich für heute erledigt.

Mittwoch.
Tag X rückt langsam näher.
Heute ist mein freier Tag, wenn nicht mein Chef kurzfristig anruft und mich für nachmittags ins Büro ordert.
So, weiter schreiben. Der Frosch in den Schuhen fiel mir wieder ein.
Ich schließe meine Augen und stelle mir vor, wie die Frau den Frosch in der Hand hält und muss laut lachen. Die ältere Dame auf der Bank neben mir hatte mich total mit ihrer Geschichte verzaubert. Ja, einen Frosch küssen, möchte ich das? Prinzen gibt es doch nur im Märchen. Die Welt da draußen sieht ganz anders aus. Ich kenne einige Edelmänner, die Schmuck aus Katzengold tragen. Sie sind nur mit sich selbst beschäftigt und passen auf, dass ihnen kein Zacken aus der Krone fällt. Machos, eben.
Diese Herrenschicht meint, sie sei klüger als Frauen, die nur für den Haushalt und zum Kinderkriegen auf der Welt seien. Sie bestimmen und sehen sich als der Patriarchat. Und so werden viele Frauen auch behandelt.
Gleichberechtigung ist für die Männerdomäne ein Fremdwort. Darum werden Frauen und Männer immer noch für den gleichen Job unterschiedlich entlohnt.

Die Frauenquote soll eingeführt werden. Wann? Sind die Politiker sich mal einig? Vor allem die Vorstände. Alle Intelligenztests, in denen die Männer besser abschneiden als die Frauen, wurden von Gehirnforschern widerlegt. Normalerweise habe ich was gegen Statistiken, das sind nur Zahlen auf Papier, aber in diesem Fall glaube ich das mal. Frauen haben sich weiterentwickelt, im Gegensatz zu den Grandseigneurs.

Immerhin, für die Kosmetikbranche haben sich einige Mannsbilder geöffnet, und diese verdient nicht wenig am männlichen Geschlecht.

Na ja, ehrlich, viele junge Frauen, können ja noch nicht mal kochen. Es gibt genug Fertigfutter. Pizza- und Pommesbuden und so weiter. Ich kenne Frauen, die haben die teuerste Kücheneinrichtung, aber nur als Statussymbol. Gekocht wird hier selten, vielleicht an Feiertagen, wenn die Familie mal eingeladen wird.

Dafür gibt es Kochsendungen zur Genüge im Fernsehen. Sogar mit Gewinnausschüttung, wenn man sich nicht dumm anstellt und was dort gekocht wird, ist *so simpel!* Aber wer hat als Normalverdiener, als so genanntes „Leibgericht", jeden Tag Rinder - und Schweinefilet oder Jakobsmuscheln auf dem Teller? Was wird uns hier vorgespielt?

Wie gesagt, das ist nicht mein Ding. Ich koche, wie ich es von Mutter gelernt und abgeschaut habe. Und es schmeckt.
  Ferner ist heutzutage Shoppen im Netz angesagt. Schuhe, Bekleidung, alles so einfach. Was nicht passt wird portofrei umgetauscht.
  Was für eine Welt.
  Aber es gibt auch Frauen, die handwerklich begabt sind. Ich kann einen Nagel in die Wand hauen und vielerlei mehr.
  Das habe ich damals beim Umbau meines Elternhauses beweisen können.
Geldmangel macht erfinderisch.

Donnerstag.
 So langsam hat sich meine Hautfarbe normalisiert. Ich sehe aus wie immer, ziemlich blass um die Nase. Makeup schmiere ich recht selten auf meine doch schon mit einigen Falten gereifte Haut. Egal, heute noch mal kurz meinen Job erledigen, dann kann ich wieder meinem geliebten Hobby frönen.
  Schreiben. Golf und Tennis sind nicht meine Spiele, ich muss sehen, fühlen und gestalten. Ein wenig Acrylmalerei habe ich angefangen. Nur so, zum Spaß. Mir gefällt es. Und bunt sind die Bilder auch. Ach, ja, Fotos, die ich schieße, bringe ich mit meinen Gedichten zusammen und veröffentliche sie in meinen Büchern und auf Postkarten. Das ist auch kreativ. Einige sind mir gut gelungen. Ich will

mich nicht selbst loben, aber die Resonanz ist gut.

So, jetzt werde ich mich genüsslich auf den Feierabend einstimmen.

Freitag.

Heute wird es nichts mit formulieren. Irgendwie bekomme ich den Dreh dazu nicht. Liegt es am Wetter? Das ist doch gar nicht so schlecht, Herbstwetter eben. Dann wird halt geputzt.

Die Nachbarskatzen, die mich laufend besuchen, machen ganz schön Dreck. Die fusseligen Haare fliegen wie kleine Fallschirmchen überall herum. Da hilft nur ein elektrisches Gerät, mit dem ich alle aufsaugen kann. Ansonsten bleiben sie beim Wischen im Aufnehmer hängen, klettenartig, das ist nicht so prickelnd. Und die Waschmaschine freut sich auch, wenn sich Engelshaare im Flusensieb verewigen. Ja, Engelchen sind die Kater manchmal schon. Immer, wenn sie Futter bei mir wittern, sind sie sehr anhänglich und verschmust. Clever. Engel mit Krallen.

Mein Sohn hat sich Pellkartoffeln mit Sahnehering gewünscht und Kater bekommt Kabeljau in Gelee.

Fisch, da ist es wieder, meine Rückerinnerung an Elisabeth.

Unser Ökosystem ist nicht mehr im Gleichgewicht. Kein Wunder, dass die Weltmeere überfischt sind. Dauerhafter Fang verhindert die natürliche Vermehrung und dezimiert den Fischbestand. Viele Arten sterben aus.

Was tun wir dagegen? Weniger Fisch essen? Nein. Aber wir könnten bewusst die Menge reduzieren. Einige Schutzzonen sind eingerichtet worden, in denen der Fischfang kontrolliert wird und eingeschränkt ist. Doch nicht alle Länder richten sich danach. Ich will nicht näher darauf eingehen und möchte meinen Fisch gleich noch mit gutem Gewissen genießen.

Samstag.
Ich habe total vergessen, dass ich mich nach der alten Dame erkundigen wollte. Sie hat doch morgen Geburtstag und feiert ihren Neunzigsten. Was kann ich als kleines Geschenk mitnehmen? Würde sie sich überhaupt an mich erinnern? Vielleicht einen kleinen Biedermeierstrauß? Ich werde mich gleich bei der Floristin in meinem Familienladen beraten lassen.

Geschafft, der kleine Strauß wird der jungen Frau gefallen, hoffe ich doch. Was soll man einer älteren Krone der Schöpfung denn sonst mitnehmen? Pralinen mit Nüssen wären sicherlich nicht vorteilhaft wegen des Zahnersatzes. Blumen gehen immer. Bis morgen halten sie sich noch, sie sind ganz frisch.

Was ist heutzutage schon frisch. Über wie viele Wege gelangen Treibhausblumen in die Geschäfte? Rosen aus Afrika, Tulpen und Orchideen aus Holland. Hier, in meiner Heimatstadt, werden auch Orchideen gezüchtet. Kunden in aller Welt können hier ihre Orchideen vermehren lassen. Einige Arten werden geklont.

Schade, dass ich keine Telefonnummer vom Seniorenheim habe, ich werde mich gleich mal schlau machen. Hätte ja auch den Pfleger fragen können.
So einen Pfleger wünsche ich mir auch, wenn ich mal bedürftig bin, aber so weit ist es noch nicht.
In meiner Nachbarschaft ist eine Studienrätin hundertfünf Jahre alt geworden. Sie hat bis kurz vor ihrem Ableben Nachhilfe in französischer Sprache gegeben. Ein Fräulein, weil Frauen früher im Schuldienst angeblich nicht heiraten durften, erzählte sie. Leider kann ich diese Aussage nicht überprüfen, trotz Recherche im Internet. Diese gekrümmte Frau ging jeden Tag bei Wind, Regen oder Schnee etliche Kilometer mit ihrem Stock spazieren. Einmal, mein Sohn saß noch im Kinderwagen, war drei Jahre alt, begrüßte

sie ihn ganz herzlich. Da sagte mein Sohn, der für sein Alter schon sehr gut und deutlich sprechen konnte: »Du bist keine Hexe, du hast keine Warze auf deiner Nase.« Wir haben uns köstlich darüber amüsiert und mussten laut lachen. Anschließend sagte er zu mir: »Die ist aber nett, die kleine, schiefe Oma.«

Früher war alles besser, betonen einige ältere Leute. Ich kann es nicht nachvollziehen. Es war eben eine andere Zeit für die, die heute in die Jahre gekommen sind. Aber besser? Auch für Kinder?
Viele Eltern haben wenig, manche aufgrund ihrer Arbeit überhaupt keine Zeit mehr für ihre Kinder. Die Kinder werden nur noch hin- und hergefahren. Schule, Sport, Musik- und Reitunterricht. Oder sie sitzen nach dem Schulunterricht vor dem Fernseher, spielen sowohl am Computer als auch mit der PlayStation, surfen auf ihrem neuen Smartphone und noch vieles mehr.
Die Technik hat sich in den letzten Jahren rasant verändert. Kein Wunder, dass die Kinder schon nahe am Burn- Out sind wie ihre Eltern.
Und jeden Tag wird etwas Neues auf den Markt geworfen. Konsum muss angeheizt werden. Die Werbung macht alles möglich. Sie suggeriert uns, dass wir den ganzen Schrott dringend zum Leben benötigen.

Quatsch! Aber viele fallen darauf herein. Eltern verschulden sich, werden in die Privatinsolvenz getrieben, weil Kinder die finanzielle Lage nicht einschätzen können. Liegt es an mangelnder Bildung? Ich muss nicht alles kaufen, was mir vorgegaukelt wird. Wo oder wie soll das noch enden?

Sonntag. Tag X.
Die letzte Nacht ist endlos gewesen. Jede Stunde habe ich auf die Uhr geschaut. Warum? Das lässt die Zeiger auch nicht schneller laufen. Gerädert stehe ich auf. Puh, kenne ich die Frau im Spiegel? Sie sieht betagter aus als ich. Grüßen wäre nicht verkehrt. Ach, ich mag mich, wie ich bin und kann mich nicht verleugnen. Meine Lachfalten, auch die, für die ich noch keinen Namen habe, gehören zu mir, wie die Sterne zum Firmament.
Witzig, doch, ich kann über mich lachen.
Wie ist das Wetter? Der Kater gibt keine Antwort und döst vor sich hin. Ich habe ihn erst um vier Uhr ins Haus gelassen. Aber gleich, sobald ich aus dem Bad komme, ist er nicht mehr zu bremsen. Klar, der Hunger macht sich nach einer langen, erfolglosen Pirsch in der Nacht bemerkbar. Manchmal, wenn er siegreich gewesen ist, bringt er seine Jagdtrophäe mit. Ich lasse die Maus dann heimlich verschwinden und erzähle ihm, dass sie nach Hause musste. Glaubt Kater mir so-

wieso nicht, aber das lässt mich im Glauben, dass es so ist. Letzte Nacht nicht. Im Herbst verirrt sich keine Maus im Garten.

Puh, Katzen sind Geschöpfe, die uns Menschen Zweifeln lehren.

Okay, schnell frühstücken und dann fahre ich los.

Mein Herz bibbert ganz schön, als ich in den kleinen Ort fahre. Ein Navigationsgerät habe ich nicht. Nur eine Straßenkarte aus dem Internet ausgedruckt, die reicht. Karte lesen kann ich. Das habe ich im Urlaub auch gemacht. Aber das ist einerlei. Vergessen und abgehakt, das war in einem anderen Leben.

Irgendwo gleich um die Ecke muss das ›Haus Sonnenschein‹ sein.

Erst jetzt fällt mir ein, dass ich überhaupt nicht über den Mann der Dame nachgedacht habe. Ob er noch lebt? Irgendwie war das mit den Filzpantoffeln doch komisch. Hat sie diese als Erinnerung behalten? Ist ihr Mann vielleicht bettlägerig? Der Pfleger hatte sich auch nicht geäußert.

Das Haus sieht sehr einladend aus. Sauber, mit gepflegtem Eingang und großen Fenstern. Durch die Scheiben beglückt die Lichtquelle Grünpflanzen, die sich berauscht und trunken zu ihr emporrecken. Ich komme mir vor, als würde ich ein First- Class Hotel betreten. Das Personal, wenn ich es so bezeichnen würde, trägt Uniform in hellgrün. Grün, Farbe der Hoffnung. Ja, wie viele ältere Menschen hoffen noch auf ein wenig Zuwendung und Liebe.

Jeder Mensch, jedes Lebewesen, jede Pflanze braucht Liebe, wie das tägliche Brot. Lebensnotwendig. Ich spreche jeden Tag zu meinen Blumen. So eine Blütenpracht auf der Fensterbank hatte ich noch nie. Liebe?
Ist das der einzig wahre Sinn, um zu existieren?

Ich denke, ja.

So, ich erkundige mich mal am ›Empfang‹ ob man mir die Zimmernummer von Frau Elisabeth, mehr weiß ich ja nicht, sagen kann.

Sie habe heute Geburtstag, feiere ihren Neunzigsten.

Die junge Frau fragt, ob ich eine Verwandte sei, ich verneine.

Ja, dann dürfe sie mir keine Auskunft geben. Total verkrampft halte ich den kleinen Strauß in meiner Hand, die heftig zittert. Mein Rheuma quält mich in letzter Zeit. Die Witterung und Kälte verpassen mir ordentlich Schübe. Ich lasse es mir trotzdem nicht anmerken. So alt fühle ich mich auch noch nicht.

Da sehe ich den Pfleger.

Er erkennt mich und ein freundliches Lächeln huscht über sein mit Bartstoppeln übersätes Kinn. Ich gehe auf ihn zu und will ihn gerade fragen, wo ich Frau Elisabeth finde, als sich sein Gesichtsausdruck schlagartig verändert.
Traurig.

»Kommen Sie«, sagt er und führt mich in einen kleinen Raum, der wie eine Kapelle aussieht. Ich ahne, was er mir erzählen will. Meine Hände zittern immer noch, der Schweiß in meinen Achselhöhlen vermehrt sich und läuft unkontrolliert am Oberarm hinab. So etwas ist mir noch nie passiert. Hab ich das Deo vergessen? Nein.

»Hallo erstmal, ich freue mich, dass Sie hier sind. Elisabeth hat mir erzählt, dass Sie den ganzen Nachmittag mit ihr auf der Bank, an ihrem Lieblingsplatz gesessen haben. Sie hatte so viel Spaß und meinte, Sie habe zu viel erzählt.«

Ich schüttele den Kopf und traue mich nicht, etwas zu erwidern.

»Ja, unsere gute, liebenswerte Elisabeth. Die konnte Geschichten erzählen und hat alle hier wunderbar unterhalten. Keiner war vor ihren Witzen gefeit.«

War? Was ist passiert?

„Ja, nun ist sie von uns gegangen."

Wann ist sie gegangen? Wohin? Verstorben?

››Elisabeth, war eine wundervolle Frau. Sie hat tolle Gedichte, Romane und Bestseller geschrieben, hier im Heim gelesen und viele einsame Menschen sehr glücklich dadurch gemacht. Wir sind so dankbar für ihr Engagement und werden sie sehr vermissen.
Elisabeth ist eine Komödiantin durch und durch. Sie hat sogar auf ein Honorar verzichtet.‹‹

Ja, klar, und die Erde ist eine Scheibe. Ich muss wohl ganz dumm aus der Wäsche schauen, meine Mimik verändert sich blitzartig.

››Liebe Frau, auch wir sind Elisabeths Charme erlegen, quasi reingefallen. So eine tolle Maske, das Profil, ihr Mienenspiel, alles formvollendet. Das muss man ihr lassen. Perfektion ist in ihrem Beruf selbstverständlich. Leider müssen wir nun auf sie verzichten, was uns sehr schwer fällt. Ein Angebot in einem anderen Haus konnte sie nicht abschlagen. Wir verstehen das sehr gut und gönnen anderen alten Menschen auch das Vergnügen, an Elisabeths Lebensfreude teilzuhaben.‹‹

Was ist das hier, ein Witz auf meine Kosten? Langsam werde ich sauer.
»Aber oben, am Hügel, als Sie mit dem Rollstuhl gekommen sind, das war doch kein Spiel? Die Tränen der alten Frau, ihre dunklen Augenränder? Alles wirkte so echt.««

›Ihre Tränen. Ja, Elisabeth ist allergisch gegen Wimperntusche, sie hat sie verschmiert, weil ihre Augen brannten.««

»Und ihre Hände, die Altersflecken?««

»Ach, wissen Sie, mit Schminke und Geschicklichkeit hat sie so Einiges natürlich aussehen lassen.
Ja, die gutherzige Elisabeth wusste, wo sich die einsamen Seelen niederlassen, eben auf dieser Bank. Anschließend hat sie die Geschichte und die Reaktionen der Wanderer hier im Haus zum Besten gegeben. Wir haben alle mitgespielt. Es hat so viel Spaß gemacht. Viele konnten es verstehen. Leider nicht alle. Damit meine ich die Demenzkranken.««

Gleich platzt mir der Kragen. Was ist das für eine Posse?
Jetzt reicht es wirklich. War ich so blind, dass ich nicht gemerkt habe, dass mir eine junge Frau etwas vorspielt? Hat sie mich arglistig getäuscht? Ich muss an meiner Men-

schenkenntnis, auf die ich bislang immer stolz gewesen bin, zweifeln. War ich so mit *mir* beschäftigt, dass ich die Realität verloren und nur das wahrgenommen habe, was ich im Kopfkino hatte? War ich nur eine Testperson für einen neuen Roman?

Ich habe die ganze Zeit an meine geliebte Oma gedacht und nur das gehört und gesehen, was ich hören und sehen wollte.
Tolle Erkenntnis!

Der Pfleger nimmt mich in die Arme, so, als würden wir uns schon ewig kennen. Wir lachen um die Wette. Tränen kullern aus meinen Augen, einerseits bin ich froh, dass Elisabeth lebt. Andererseits bin ich auch ein wenig enttäuscht. Mit diesem Ende habe ich nicht gerechnet.
Ich drücke dem Pfleger den kleinen Blumenstrauß in die Hand. Er kann ihn behalten oder weiter verschenken.

»Kommen Sie mich mal besuchen?«

»Ja, das werde ich.«

Möglicherweise erfahre ich dann Neues von Elisabeth. Ich würde sie sehr gern wiedersehen. Vielleicht ist ein Bestseller von ihr in Arbeit und ich spiele darin die Hauptfigur.

Das wäre was. Tantiemen könnte ich gut gebrauchen.

Diese Frau hat mich dazu veranlasst, mich eine ganze Woche lang mit meiner Kindheit, meinen Eltern, meiner Großmutter und der Welt zu beschäftigen, mir ruhelose Träume geschenkt und mich zum Schreiben getrieben. Ich habe seitenlange Manuskripte auf meinem Schreibtisch liegen. Und einen neuen Freund gefunden. Nein, ich bin nicht wütend, ich muss laut lachen, als ich leichtfüßig über den Kiesweg zu meinem Wagen gehe.
Ich bin glücklich wie schon lange nicht mehr.
Ich reibe meine verschleierten Augen und sehe endlich wieder klar.

Barfuß

Auf dem Sinnespfad

Über   Steine
Schotter
Moos
Gras
Durch Morast

Über   Holzspäne
Stroh
Sand
Zum Wassertreten

Verkrustungen abspülen
Wunde Füße kühlen

Versorge die Blasen
Mit Salbe und Pflaster

Gehe den Weg noch mal
Tastend
Behutsam
Schritt für Schritt

Zum zweiten Mal

Lerne - Verstehe

Entfesselungskünstler

Wenn sich die einschneidende Kette

Nicht lösen will-

Befreit ER SICH SELBST davon!

ER HAT DEN SCHLÜSSEL

IN SEINER HAND!

Frühjahrsputz

Wo fange ich an?
Wohnung? Garten?
Beides liegt mir
Am Herzen

Es geht los
Container bestellt
Gerümpel entsorgt

Wohnung leer
Wände gestrichen
Fenster geputzt
Alles frisch
Fleckenlos

Ich bin erleichtert
Richte mich NEU EIN

Ohne Gardinen!

Gut - Achten

Betrachten-
Abschätzen-
Berechnen-

Nicht   Entwerten

Verstehen - Akzeptieren!!!

Lavendelsommer

Blau
Puderig
Feenhaft
Im Sichtflug

Liebkost
Lächelt
Ziehe ihn an

Lasse mich fallen
Sinnlich -
Schwebend -
Umwogen

Umschmeichelnde Nacht
Morgen erwacht
Zauberduft -

Verflogen

Lisa- Marie

Lisa. 2001

Nie wieder.
Nie wieder, nein, nie wieder, schrie ihr verletztes, bis ins Mark getroffene Herz.

Das hatte sie sich geschworen. Nie wieder wollte sie Tränen der Verzweiflung, quälende, schlaflose, Nächte mit Bangen und Hoffen durchleben. Nie wieder furchtsamen Atem im Nacken spüren. Nie wieder schmerzliche, angsterfüllte Blicke wahrnehmen, die sie um Hilfe baten.

Niemals wieder sich in liebevollen, treuen Augen verlieren, bis zur Aufgabe verlieben. Gerade mal sechs Wochen war es her, dass sie voneinander Abschied genommen hatten. Alte Narben brachen auf, vereinten sich mit neuer Wunde. Nein, nicht noch einmal wollte sie dieses schwere Kreuz auf ihren Schultern tragen. Dornenstacheln bohrten sich in ihren Kopf. Das wallende Blut pochte in ihren Schläfen, folterte, reizte ihre Nerven, erreichte die Schmerzgrenze bis zur Bewusstlosigkeit. Ihr Körper stürzte in einen nicht endenwollenden Strudel. Der Sog zog sie tiefer und tiefer hinab, ließ ihren Körper vor Kummer beben. Zweimal ist genug. Zweimal war ein Stück ihres Herzens herausgerissen

worden, ein Teil ihrer Seele, Lebensinhalt, von ihr gegangen. Alles schien auf einmal sinnlos zu sein.
Nein! Nein! Nein!

Sie ging jetzt alle Wege, die sie zuvor in Begleitung gegangen war, jeden Tag allein. Setzte sich auf die Lieblingsbank am Kanal, da, wo sie stets gemeinsam über das kleine Flussbett geschaut hatten, welches Reiter auf ihren Pferden überquerten. Der Kummer ließ ihr schmerzerfülltes Herz aufschreien, gab ihm Stimme und sie ließ sie im Wald heraus. Erstarrt kämpfte sie gegen die Einsamkeit an, bewegte sich matt und niedergeschlagen, ging achtlos an Allem vorbei. Den Feldern und bunten Wiesen, auf denen sie miteinander so viel Spaß gehabt hatten, herumgetollt waren, schenkte sie keine Aufmerksamkeit mehr. Ihr versteinerter Blick war nach innen gerichtet, dorthin, wo sie am tiefsten getroffen worden war. Mit schleppenden Schritten irrte sie zeitweilig durch die Straßen, übersah ihre Freunde und Bekannten. Sie wollte mit niemandem über ihren Verlust reden, blockte ab, ließ sich auf kein Gespräch ein. Trost? Von wem? Wer wusste, verstand, was sie
verloren hatte? Diesen Schicksalsschlag musste sie allein verarbeiten.
Morgens wachte sie freudlos, schweißgebadet auf, versorgte den Sohn, ihren Mann, fuhr zu

ihrem Arbeitsplatz, erledigte nach Feierabend alles, was noch im Haus erledigt werden musste. Abends ging sie betrübt ins Bett. Schlaflos wälzte sie sich jede Nacht umher und stand am nächsten Tag gerädert auf. Melancholie überfiel sie. Ihre Gemütsverfassung und Mimik änderten sich stündlich, passten sich den Leuten an. Trübsal spiegelte sich in ihrem Gesicht wider, ließ es vorzeitig altern. Das Tal der Tränen war noch nicht durchschritten, der Boden tat sich auf und sie fiel in ein tiefes, dunkles Loch.

Marie
Wo bin ich, was ist passiert? Wie komme ich hierher, in diesen kleinen, dunklen, kalten Raum? Ich friere, obwohl mein Kopf und mein Körper vor Hitze glühen. Brenne ich? Was geschieht mit mir? Meine Augenlider sind durch salzige Tränen verklebt und ein undurchsichtiger Schleier liegt auf ihnen. Ich sehe alles verschwommen und kann mein Umfeld nur undeutlich wahrnehmen. Was ist mit meinen Beinen? Sie tragen mich nicht, ich habe das Gefühl, als würde ich jeden Moment umfallen. Warum bin ich so schwach? Und was ist das für ein markerschütternder Lärm um mich herum? Er dröhnt in meinen Ohren. Durst, ich habe Durst. Kein Wasser im Napf. Mir ist schwindelig, übel. Krämpfe zerreißen meine Eingeweide. Es geht schon wieder los.

Ich kann nichts bei mir behalten und werde mich gleich hier in der Ecke auf den kalten Fliesen entleeren, obwohl schon alles verunreinigt ist. War ich das? Wieso geht niemand mit mir Gassi? Sogar die dünne Strohdecke ist beschmutzt. Soll das meine Schlafstätte sein? Wieso kommt niemand und säubert mein Gefängnis? Ich will hier raus, nach Hause, aber wo ist das? Ich kann mich nicht erinnern. Da kommt jemand. Wer ist das? Was will er? Er packt mich und legt etwas um meinen Nacken. Wo bringt er mich hin? Da stehen so viele Menschen im Gang, starren mich an. Was passiert mit mir? Ich will schnüffeln, aber es geht nicht. Meine Nase ist verstopft, schmerzt, wie alles in meinem Körper. Jetzt nehmen sie mich auch noch mit nach draußen. Lasst mich doch einfach hier liegen. Ich bin so schlapp. Der Asphalt glüht unter meinen Pfoten und jeder Schritt bereitet mir unsagbare Qualen. Weswegen muss ich diese Folter über mich ergehen lassen? Habe ich meinem früheren Herrchen etwas unrechtes angetan? Konnte ich nicht gehorchen? Was ist geschehen?

Warum soll ich mit diesen Leuten mitgehen, ich kenne sie nicht. Ich weiß nicht mal mehr, wer ich bin. Die Menschen reden miteinander, ich kann kaum etwas verstehen. Was sagen sie? Marie. Wer ist Marie? Bin ich das?

Keine Ahnung. Pause, meine Beine wollen nicht, ich muss mich setzen.

Eine Frau bückt sich zu mir runter, streichelt mein borstiges Fell. Es scheint ihr nichts auszumachen, dass es nicht gebürstet ist und nach Exkrementen riecht. Meine Pfoten sind auch voller Dreck. Bitte bringt mich zurück, egal wohin. Ich bin so müde, muss mich niederlegen. Die Frau scheint zu merken, dass es mir nicht gut geht. Sie schaut mich voller Mitleid an und bringt mich zurück in meinen Raum. Er ist noch kälter als zuvor, aber ich bin dankbar. Endlich kann ich schlafen.

Lisa
Sechs Wochen ohne, geht das?

Es kam der Tag, an dem Lisa die Balance verlor, ihren Eid brach. In ihrer vom Kummer eingeengten Brust tobte ein heftiger Orkan, der ihr seelisches Gleichgewicht durcheinander wirbelte. Wie konnte sie nur? Was trieb sie dazu, sich trotz all ihrer Abwehr wieder auf bettelnde Augen einzulassen? Lisa konnte nicht von dieser Schönheit lassen, vergaß bei diesem Anblick für einen Moment ihren Seelenschmerz, den sie noch nicht überwunden hatte.

Die erste, kurze, sanfte Berührung ließ alle ihre negativen Gedanken davonfliegen. Irgendetwas in ihrem tiefsten Inneren sagte ihr: »*Ja, doch! Ich will mich ein drittes Mal trauen. Will mich wieder mit meiner ganzen Kraft und Energie in ein neues Abenteuer stürzen.*«

Lisa hatte sich auf den ersten Blick verliebt, konnte diesen dunklen, blutgetränkten und durch Fieberglut gezeichneten Augen nicht widerstehen. Splitter der funken- streuenden Iris kratzten Risse in den Schutzkokon, welcher ihr trauerndes Herz umgab.

Hoffnung auf einen Neuanfang?

Nun stand Lisa mit ihrem Sohn vor diesem grauen, eigenartigen Gebäude. Sollten sie hineingehen oder lieber nicht? Sie zögerten, waren uneins. Wenn sie jetzt hineingingen, gäbe es kein Zurück. Das jämmerliche Bellen und Jaulen drang durch das Tor zu ihnen herüber. Es klang wie ein Hilferuf. Sie sahen sich an und wussten plötzlich, was zu tun war. Lisa folgte ihrem Sohn mit zitternden Knien. Ihrem Sohn und diesen unsagbar schauerlichen Geräuschen, welche das Blut in ihren Adern gefrieren ließen. Sie betraten das Asyl für obdachlose Tiere. Lisa bebte am ganzen Körper, sagte mit zaghafter Stimme:

»Nur mal schauen, eventuell spazieren gehen. Mehr nicht.«

Doch, als ob es so sein sollte, gab man ihnen dieses Etwas an die Hand. Ein trauriger Blick traf mitten in das Gefühlsleben der Beiden. Mitleid, Liebe. Nie zuvor waren Mutter und Sohn sich so nah gewesen wie in diesem Moment. Beide wollten diese Schäferhündin von ganzem Herzen.

Das Tier war todkrank. Der Tierheimleiter erzählt ihnen die Geschichte der Hündin. Man habe sie vor acht Tagen in einem Naherholungsgebiet gefunden. Sie sei an einem Baum angebunden gewesen, mit einem Schild um den Hals, auf dem stand:

»Ich heiße Marie, bin drei Jahre alt und kinderlieb.«
Wer tat so etwas? Ein Tier aussetzen, bei eisiger Kälte, im Winter. Denjenigen hätten sie zu gern kennen gelernt.
Lisa unterschrieb mit klopfendem Herzen den Kaufvertrag.
Einen Tag später holten ihr Mann und sie die Hündin zu sich nach Hause.
Ein neues Familienmitglied.

Marie.
Ich bin so krank, habe gar kein Fleisch mehr auf meinen Rippen. Von Hunger, Durst und starkem Fieber geschwächt, liege ich auf einer Couch. Mein Fell ist stumpf, meine Augen sicher glanzlos und entrückt. Die Frau, bei

der ich jetzt lebe, spricht liebevoll auf mich ein. Ihr Name ist Lisa. Sie sagt, ich habe zu lange bei Eiseskälte im Schnee gelegen. Deswegen geht es mir so schlecht. Tag und Nacht werde ich von Fieberkrämpfen geschüttelt. Lisa wickelt mich in warme Decken ein, weil ich in einer anderen, grausamen, Welt gefangen bin. Sie legt sich zu mir, hält mich behutsam in ihren Armen. Ich kann nichts fressen und trinken. Mein Rachen ist eine einzige Wunde. Lisa wendet sich vertrauensvoll an eine höhere Macht. Sie betet, fleht und ihr aufgewühltes Herz schreit für mich um Hilfe. Sie will mich krankes Wesen wieder aus der Dunkelheit zurück ins Licht holen.

Ich nehme sie nur verschleiert wahr, das Fieber trübt mein ganzes Dasein, aber ich spüre ihre Warmherzigkeit.

Medikamente, flüssige Nahrung, in Pipetten vermischt, träufeln Lisa und der Mann vorsichtig auf meine Lefzen.

Aua, bitte seid vorsichtig, es tut weh! Meine Wunden schmerzen, ich kann nicht schlucken, es geht einfach nicht. Die beiden Menschen sind geduldig mit mir, versuchen es erneut. Wieder läuft die Flüssigkeit aus meiner entzündeten Schnauze heraus in die Hand des Mannes. Wer ist er, der mit der tiefen Stimme?

Er sagt, es sei lecker, ich solle doch mal probieren. Kann ich ihm glauben? Da kommt noch ein Mensch, es ist der Sohn. Er war bei der ersten Begegnung mit Lisa und mir im Heim dabei. Er streichelt mich, ermuntert mich ebenfalls zum fressen. Alle drei knien mit Tränen in den Augen vor mir. Wieso tun sie das? Bedeute ich ihnen wirklich so viel?

Meine Kost riecht nicht schlecht, schmeckt aber eigenartig. Langsam schlecke ich die Tröpfchen ab. Ich habe Hunger, Durst. Ich muss etwas zu mir nehmen. Den Menschen zuliebe, die mich so fürsorglich behandeln, werde ich die Schmerzen in meiner Schnauze erdulden. Der Mann lässt noch mehr hineinlaufen, ich lecke vorsichtig weiter. Es sind nicht viele Tropfen, aber für den Anfang reicht es mir. Lisa, der Mann und ihr Sohn sind glücklich, nehmen sich weinend, befreit, in die Arme. Erschöpft und müde von der Arznei schlafe ich ein. Ich atme tief und ruhig.

Langsam kehren die Lebensgeister in meinen Leib zurück. Die Spritzen, die ich täglich bei der Ärztin bekomme, tragen ebenfalls dazu bei.

»Du hast in Lisa einen Schutzengel gefunden. Sie wird dich in den nächsten Lebensjahren behüten und beschützen. Du bist in liebevollen, guten Händen. Vertraue ihr. Du wirst genesen«, flüstert die Ärztin mir ins Ohr und schaut Lisa dabei an.

Das Fieber sinkt, die Entzündungen meiner Augen und der inneren Organe heilen ab. Ich kann wieder klarer sehen. Der Schatten weicht und lässt mich zurück ins Leben gleiten. Lisa, du hast so freundliche Augen, ich weiß, dass du mir helfen willst, schneller gesund zu werden. Sie nennt mich ‚zauberhafte Hündin'. Ich strenge mich an, versprochen? Jeden Tag ein wenig mehr. Mit Lisa an meiner Seite kann ich diesen Kampf gewinnen. Ich bin nicht mehr allein, wir sind jetzt zu zweit, nehmen ihn gemeinsam auf.

Zehn Tage sind wohl vergangen. Hallo, ich bin da, ich lebe. Lisa, du hast mich hierher gebracht! Du bist mein neues Frauchen. Ich darf bei dir bleiben, werde mich auch anständig benehmen, gehorchen. Ich tue alles, was du willst. Versprochen. Hier hast du meine Pfote drauf. Warum weinst du? Freust du dich, dass ich überlebt habe? Ich vermute es. Sie hat in letzter Zeit sehr wenig Schlaf bekommen. Meinetwegen. Jede Nacht lag sie auf Knien vor der Couch, hat über mich gewacht und gelauscht, ob ich noch atme. Ich bin zwar noch sehr schwach, aber meine ersten, zögernden Schritte auf der Treppe zum Garten hinunter machen Lisa und mir Hoffnung, dass es ab jetzt nur noch bergauf geht.

Was ist das für ein eigenartiger Zwinger? Ich schaue mich aufmerksam im Zimmer um. Durch das Fieber hatte ich das Umfeld nicht wahrgenommen. Behutsam gehe ich mit Lisa durch die Wohnung. In jedem Zimmer kniet sie vor mir, ruft mich zu sich an ihre Seite, nimmt mich in die Arme und spricht mit mir. Sie erzählt mir viele Geschichten über die Fotos, die an den Wänden hängen. Sie öffnet die Schränke, zeigt mir, was darin ist und erklärt, wofür man die ganzen Sachen benutzt. Ist das aufregend! Ich bin neugierig, will noch mehr sehen. Ab jetzt gehe ich keinen Schritt mehr ohne sie. Punkt!

Mit jedem Tag werde ich kräftiger und lebendiger. Ich bin sehr gelehrig. Der Sohn holt mir aus seinem Fundus einige Stofftiere, die ich sofort annehme. Meine Schlafcouch wird wohl bald zu klein sein; sie verwandelt sich mehr und mehr in einen Plüschtierpark. Manchmal verstecke ich mich unter dem ganzen Getier, sodass man mich nicht mehr sieht. Nur wenn ich gerufen werde, richte ich meine spitzen Ohren auf. Ich schaue meine Menschen an und sage auf meine Weise: »Ich bin hier. Mein Schläfchen ist beendet, sortiert mal die Kuscheltiere.« Dann blinzele ich Lisa zu. Meine dunklen Augen strahlen, leuchten und lachen sie an. Mein Frauchen erkennt mein Lachen an den Lefzen, die ich bis zu meinen Ohren hinaufziehen kann. Sie wirkt glücklich, liebt es, wenn ich sie so anschaue.

Lisa hat jedem Stofftier einen Namen gegeben.

Ich hab sie alle gelernt und wenn jemand befiehlt »Hol mal den Dino, das Pferchen, das Zebra ...«, bringe ich sie zu ihnen. Natürlich nur, um zu zeigen, was ich kann. Anschließend lege ich die Stofftiere brav zurück auf ihren Platz auf meiner Couch. Es sind ja *meine*, der Sohn hat sie mir geschenkt. Die Couch ist *mein* Reich, nur Lisa darf sich zu mir setzen. Oft lecke ich liebevoll ihre Hände, weil sie mich über alles liebt und ich nicht weiß, wie ich ihr danken soll. Das hat sie oft erwähnt, mir gezeigt, dass sie mich gern hat. Sie schmust und kuschelt sehr viel mit mir. Ich genieße es, wenn sie mein Fell streichelt, mir die Haare bürstet. Ich, Marie, habe ihren Seelenfrieden zurückgebracht. Das sagt sie immer. Wir sind zu besten Freundinnen, zu Seelenverwandten geworden.

Der große Garten gefällt mir. Auch er gehört zu meinem neuen Reich. Darin kann ich nach Herzenslust allein, mit Lisa oder der Familie rumtoben. Niemand hat etwas dagegen. Nur im Blumenbeet buddeln darf ich nicht. Das hat Lisa mir ausdrücklich verboten. Aber das will ich auch gar nicht, denn hinterher muss ich in die Wanne und der Badeschaum brennt in meinen Augen.

Manchmal erzählt mir mein Frauchen von meinen Vorgängerinnen. Sie sagt, sie seien sehr schlau gewesen. Aber ich überträfe sie um Längen. Ich habe schon gewusst, dass vor mir andere Hunde im Haus gelebt haben. Da war dieser Geruch in den Räumen und auf meiner Couch. Hundegeruch. Ja, wir erkennen einander an unserem Geruch. Frauchen sagt immer, dass ich ab und an streng rieche. Vor allem nach einem Spaziergang im Regen. Lisa stört das nicht. Sie trocknet mit einem Tuch meinen Rücken und meine Pfoten ab, bevor wir ins Haus gehen. Da ich offenbar sehr intelligent bin, überrasche ich die Familie immer aufs Neue mit meinen tollen Ideen. Ideen habe ich, besonders, wenn ich meine Kuscheltiere irgendwo im Küchenschrank verstecke. Schränke mit Knauf sind für mich kein Problem, ich kann sie leicht öffnen. Ich halte den Knauf einfach zwischen den Zähnen fest und ziehe kräftig daran. Tada! Offen. Und es passiert schon mal, dass eines von meinen Plüschtieren im Kochtopf landet. Mein Lieblingsschrank ist der mit den Leckereien. Die Leckerbissen duften so gut, dass mir der Speichel vor Heißhunger an den Lefzen herunter läuft. Manchmal versuche ich heimlich, ein Leckerchen zu stibitzen. Aber Lisa bemerkt es immer und sagt dann: »Die Schranktür steht auf und sonst ist doch niemand hier. Einbrecher hättest du nicht ins Haus gelassen. Also, wer hat die Leckerstangen aus dem Schrank geklaut?« Dann schaue ich sie ganz unschuldig an. Ich tue so, als wüsste ich von nichts, gehe in ein anderes Zimmer. Bloß nicht umdrehen. Geht mich nichts an, werde mich mal auf meine Couch legen. Merkt sie, dass ich mir einen Spaß erlaubt habe?

Heute kommt ein Mann zu Besuch. Der Tierheimleiter, sagt Frauchen. Irgendwie erinnere ich mich an ihn. Er will sich ein Bild vom Umfeld machen, wo und wie ich hier lebe und ob es mir gut geht. Sieht er das denn nicht? Soll ich jetzt Männchen machen? Ich bin doch nicht im Zirkus. Ne, ich bleibe hier auf meiner Couch.

Aber Lisa ruft nach mir. Ich will sie nicht allein mit ihm lassen. Bei der Gelegenheit kann ich ihm auch zeigen, wie stolz und glücklich ich bin, hier sein zu dürfen. Ich werde mich mal neben sie setzen, mich einfach an Lisa anlehnen. Sie freut sich, dass ich auf ihr Wort höre. Warum schaut der Mann so fasziniert auf meine Kuscheltiere? »Hallo, das sind meine, die kriegst du nicht. Wehe, du fasst eines an! Du hast mein gesundes Gebiss nicht gesehen.« Lisa rät mir, ich solle dem Herrn mal den Dino zeigen. Na gut, wenn es sein muss ... Langsam erhebe ich mich. Schaut mal, ich kann wie in Zeitlupe gehen. Muss ich ihn ansehen, wenn ich an ihm vorbeigehe, gehört sich das so? »Hier Lisa, Dino.« Lisa legt den Dino zurück, öffnet die Tür zum Garten und zeige dem Herrn meine Spielwiese. »Da, da, ist mein Ball«, will ich sagen. Der zerfetzte. Ich hole lieber den neuen, dann kann ich mit Lisa spielen. Wo ist er, wo habe ich ihn versteckt? Ach, da unter dem Lorbeerbusch. »Hier Frauchen, da hast du den Ball.« Ich lege ihn ihr direkt vor die Füße, damit sie ihn nicht übersieht. Jetzt will der Herr mich streicheln. Ich stelle mich lieber neben Lisa, lehne meinen Kopf an ihre Knie, damit er nicht auf dumme Gedanken kommt. Ich gehe hier nie mehr weg. Ich bleibe bei meinem neuen Frauchen. Hoffentlich begreift er das. Lisa, ich passe auf dich auf. Und du auf mich. Oder soll ich bellen?

»Ich sehe schon, Marie hat es bei Ihnen bestens angetroffen, eine erneute Überprüfung wird nicht nötig sein«, sagt der Besucher und verabschiedet sich. Lisa, was bedeutet das? Ich habe nicht verstanden, was er gesagt hat. Bitte, sag es mir. »Alles in Ordnung mein Liebes, du bleibst bei mir«, sagt Frauchen freudestrahlend und krault meine Ohren. Sie ist glücklich. So wie ich. Und wie glücklich ich bin!

Lisa
Er ist weg. Lisa spürt, dass Marie glücklich und dankbar ist. Die Hündin wedelt mit dem Schwanz, hüpft um sie herum. Lisa geht mit

ihr ins Haus und schaltet das Radio ein. Marie bekommt einen extra großen Hundeknochen. Lisa bewegt sich langsam im Rhythmus der Musik. Marie springt an ihr hoch. Lisa hält sie an den Pfoten, beide tanzen. Ihre Herzen wiegen sich im Takt. Maries Augen glühen, sprühen Funken vor Lebendigkeit. Das machen die zwei von nun an jeden Tag. Sobald Lisa den Knopf vom Radio drückt, steht Marie aufrecht vor ihr. Sie hat sichtlich Spaß daran. Marie und Lisa sind ein eingespieltes Tanzpaar.

Marie.
Ich habe ein Zuhause gefunden, bin endgültig angekommen. Aber irgendwie stimmt in meiner Familie etwas nicht. Was genau es ist, finde ich schon noch heraus. Ich bin ja intelligent.
Warum ist Lisa an manchen Tagen sehr traurig? Liegt es daran, dass der Mann, wenn er von der Arbeit nach Hause kommt, so komisch riecht und dann mit ihr schimpft? Aber warum schreit er sie an? Sie hat doch sein Lieblingsessen gekocht. Er ruft, er habe keinen Hunger. Nachdem er sich umgezogen hat, legt er mir mein Halsband um, brummt: »Ich gehe noch eine Runde mit ihr.« Damit meint er mich, Marie. Die Art von Runde kenne ich mittlerweile. Erst gehen wir kurz um die Wohnsiedlung, dann schnell in ein Haus hin-

ein. Hier sitzen mehrere Männer auf komischen Hockern an einer langen Theke. Es sind fast jeden Abend dieselben Gesichter, ja, fast jeden Abend gehen wir hierher. Und ich muss dann die ganze Zeit auf dem kalten Boden liegen. Auf dem Nachhauseweg wankt der Mann, nuschelt, dass ich gerade gehen soll. »Hallo, wer geht denn hier nicht gerade?« Wenn wir wieder zu Hause sind, holt der Mann kleine Dosen aus einer Plastiktüte. Die riechen genauso wie in dem komischen Haus und wie der Mann. Das macht er täglich, schon viele Jahre, hat Lisa mir erzählt. Manchmal trinkt er noch etwas anderes. Ich mag den Geruch nicht. Oft schläft er danach in seinem Sessel ein und schnarcht fürchterlich. Dabei kann ich nicht schlafen. Lisa erst recht nicht.

Aber der Mann ist nicht böse mit mir. Er mag mich, ja, streichelt mich oft. Sagt, er sei der Herr im Haus, und alles müsse nach seiner Pfeife tanzen. Gut, die Pfeife habe ich noch nie gesehen, geschweige gehört. Meint er damit sein Brüllen?

Lisas Mann ist viel größer als sie und kräftig. Sie vergleicht sich mit einem Hamster, der den ganzen Tag über in einem Rad läuft. Sie strampelt sich ab, kommt aber keinen Schritt vorwärts. Ich sehe hier kein Rad. Was meint sie damit? Und einen Hamster habe ich noch nie gesehen. Ist das auch ein Hund, hat der auch vier Pfoten? Aber Lisa sieht doch nicht aus wie ein Tier.

Ihr Mann sagt, alles, was sie mache, sei falsch. Sie sei eine blöde Kuh, sie und ihr Sohn seien Gartenzwerge und dumm. Kühe kenne ich. Lisa hat mir mal welche gezeigt. Aber blöd sind die nicht. Gartenzwerge kenne ich nicht. Ich weiß nicht, was die bedeuten. Lisa jammert, das einzige Vergnügen, was sie habe, seien die Spaziergänge mit mir. Sie darf nicht mal ihre Freundin oder andere Frauen zum Kaffee einladen. Einmal hat Lisa den Mann auf seiner Arbeitsstelle angerufen, weil sie wissen wollte, was sie für den Abend kochen solle. Der Mann antwortete: »Nichts, ich mache mir eine Stulle.‹ Da rief Lisa ihre Freundin an und lud sie zu sich ein. Beide saßen im Garten vor der Hütte und haben sich gut unterhalten. Eine nette Frau. Als der Mann nach Hause kam, grölte er von Weitem: »Weiber, so gut möchte ich es auch mal haben, faul auf dem Ar.... sitzen und ich kriege nichts zu fressen.«« Lisas Freundin ist sofort aufgestanden und nach Hause gefahren. Dabei erledigt Frauchen immer alle Arbeiten im und am Haus, die ein Mann machen müsste. Sie ist fleißig, kocht, wäscht, geht arbeiten, wischt jeden Tag meinen Dreck weg. Ja, ich mache manchmal Dreck. Beim Trinken schlabber ich, stoße schon mal übermütig den Trinknapf um. So bin ich eben. Lisa witzelt, ich sei ein stürmischer Wirbelwind. Was das wohl wieder heißt. Aber sie liebt mich, und ich liebe sie.

Urlaub 2002
Ich muss zur Untersuchung. Schon wieder Spritzen? Nicht mit mir. Werde mich mal lautstark beschweren. Huch, was ist das, was legen die über meinen Kopf? Ich kann meine Schnauze gar nicht aufreißen. Die Ärztin tastet mich am Unterleib ab, schaut mir in die Ohren und in meine leuchtenden, angriffslustigen Augen. Sie stellt ein Papier aus, auf dem steht, dass ich gesund bin, gut aussehe und in ein anderes Land reisen darf. In ein anderes Land? Was soll ich da? Lisa meint, wir brauchen dringend Urlaub. Entspannung.
Lisa hat für die Reise nach Kroatien ein Wohnmobil gemietet. Sie sagt, dass ich mitkomme, weil sie die Verantwortung für mich übernommen hat und mich nicht in eine Hundepension geben will. Ich gehöre zur Familie; also werde ich auch wie ein Familienmitglied behandelt. Arme Lisa. Wenn sie nur gewusst hätte, dass dies der letzte gemeinsame Urlaub der Familie werden würde ...

2004.

Alles ist anders als zuvor.
Die Tage, an denen Herrchen Lisa und ihren Sohn schlecht behandelt, häufen sich. Die Alkoholkrankheit hat Herrchen in den letzten Jahren sehr verändert. Das rieche ich. Und Lisa hat es mir erzählt. Sie tut mir leid. Ich versuche, sie mit meinen lieben Blicken und mit meinem Schwanzwedeln zu trösten. Manchmal eskaliert es, dann ist Herrchen nicht mehr er selbst. Er ist sehr aggressiv und wird immer öfter handgreiflich. Nur ich werde von ihm geliebt. Das war bei den Vorgängerinnen auch so. Erst kommt der Hund, dann er, dann eventuell sein Sohn und Lisa ganz am Schluss. Hunde, auch mich, kann er herum kommandieren, seine Familie nicht. Der Sohn hatte einen schlimmen Arbeitsunfall an seiner linken Hand. Drei Finger sind durchtrennt worden, einer davon hängt nur noch am seidenen Faden, berichtet Lisa. Sie ist mit den Nerven am Ende. Als der Sohn nach zwei Wochen Klinikaufenthalt wieder nach Hause kommt, dreht Herrchen durch. Der Sohn solle sich Arbeit suchen, schimpft er, randaliert, schlägt ihn, obwohl der Sohn volljährig ist. Ich bekomme auch Angst. Verziehe mich mit eingezogenem Schwanz unter den Tisch. Herrchen ist so brutal, dass Lisa ihren Sohn zur Untersuchung ins Krankenhaus fährt. »Er hat eine Schädelprellung,«

sagt Lisa anschließend. Herrchen will nicht verstehen, dass der Sohn von einer Berufsgenossenschaft unterstützt wird, sogar Rente bekommt. Faulheit, nennt Herrchen das. Lisa seufzt, Herrchen habe keine Ahnung. Sie ist so traurig, hofft, dass dem Sohn die Finger erhalten bleiben. Jeden Tag Theater zu Hause, ich will das nicht hören. Mache meine Ohren dicht.

Es ist mal wieder so weit, eine volle Bierflasche fliegt durch das Wohnzimmer, um Lisa zu treffen. Sie duckt sich und die Flasche knallt gegen die Wand. »Warte Lisa, nur ein Sprung!«, will ich rufen. »Ich werde dich vor Herrchen beschützen. Wenn knurren nicht hilft, muss ich eben bellen und Zähne zeigen. Bitte, lass mich meinen Kopf auf deinen Schoß legen. Ich zeige ihm, dass ich zu dir halte. Keine Angst, bin wachsam, lasse ihn nicht aus den Augen.«

Ich zittere vor Angst und meine Nackenhaare stehen aufrecht. »Aber im Notfall bin ich zum Angriff und zur Verteidigung bereit. Ich habe das zwar vorher noch nie gemacht, bin aber oft zu dir gekommen, wenn ihr euch gestritten habt. Heute verhalte ich mich zum ersten Mal so extrem abwehrend gegen ihn.

Wenn es aber sein muss, gehe ich ihm an die Gurgel.«

Herrchen ist ganz irritiert. Ich bin doch sein Liebling, habe ihn fast jeden Abend in seine

Stammkneipe begleitet. Wie kann ich ihn nur so verachten? Er schäumt vor Wut, kommandiert mich zu sich, doch ich bleibe neben Lisa sitzen. Meine Augen flackern unruhig. Verunsichert und ängstlich schaue ich abwechselnd zu Lisa und zu Herrchen. Ich drücke mich noch enger an Frauchen. Sie hält mich fest, will nicht, dass ich zur reißenden Bestie werde. Tränen laufen über ihre Wangen, tropfen auf mein Fell hinab. Herrchen kümmert das nicht. Wieder ruft er mich zu sich. Nein, ich bleibe hier bei Lisa sitzen! Da steht er auf, nimmt die Hundeleine und will auf mich einschlagen. Frauchen stellt sich vor mich, sagt, er solle sie doch schlagen. Ich belle laut. Es klingt erbärmlich, aber ich werde zum wilden Tier und springe ihn an. Fast hätte ich ihn am Hals erwischt, gebissen. Herrchen schreckt zurück, schmeißt die Leine auf den Fußboden. Er brüllt mich an und droht damit, mich ins Tierheim zurück zu bringen. Er wirft Frauchen böse Blicke zu und flucht, sie hätte mich verzogen. Das stimmt nicht, Herrchen, Lisa hat mich mit Liebe erzogen, du bist es doch, der ihr Unrecht tut! Warum ist er so böse? Hat er uns nicht mehr lieb? Ich mag ihn doch. Wir Hunde sind die besten Freunde der Menschen. Aber ich spüre, dass ich Frauchen gegen ihn verteidigen muss. Er zwingt mich dazu, mich gegen sich und für Lisa zu entscheiden. Es fällt mir schwer, aber Lisa braucht mich jetzt mehr als er. Endlich dreht er sich um und geht ins Bett. Gott sei Dank.

Lisa liegt neben mir auf meiner Decke, drückt mich zärtlich an sich. Ich weine mit ihr. Unsere Herzen rasen und unsere Körper beben. Ich bin so nervös, schaue laufend zur Tür. Ist die Gefahr überstanden? Lisa hört, dass Herrchen schläft, geräuschvoll schnarcht. Mir ist speiübel. Ich würge, übergebe mich auf die Decke, lege meinen zitternden Kopf auf Lisas Beine, sehe sie verstört an. Sie schimpft nicht mit mir. Sie weiß, wie ich mich fühle, denn sie fühlt dasselbe. Frauchen bringt die beschmutzte Decke in die Waschküche hinunter. Unruhig, mit gesenktem Kopf, schleiche ich hinter ihr her. Immer auf der Hut, ob jemand folgt. Lisa nimmt mich mit zu sich ins Zimmer. Die ganze Nacht liege ich winselnd neben ihr. Herrchen hat unsere Herzen gebrochen.

Lisa krault mein Fell, erzählt mir, wie schlecht es ihr heute ergangen ist. Ganz apathisch. Sie sei zu schnell mit dem Auto gefahren und habe plötzlich vor einem Baum gestanden. Zuerst habe sie nicht abbremsen wollen. Aber dann hat sie an ihren Sohn und an mich gedacht und sich doch dazu entschieden, auf die Bremse zu treten.

»Lisa, was machst du? Das darfst du nicht!«, will ich sagen. ›Dein Sohn und ich brauchen dich doch. Ach, Lisa, kannst du das nicht in meinen Augen lesen?‹ Sie offenbart mir, dass es das dritte Mal gewesen sei, dass sie vor diesem Baum gestanden habe. Jedes mal habe sie an ihren Jungen, an meine Vorgängerinnen, an ihre Mutter gedacht. Sie sei auch schon dreimal bei einem Anwalt gewesen, um die Scheidung einzureichen. Wenn Herrchen doch nur wüsste, wie viel Leid er anrichtet. Wieso will er keine Hilfe annehmen? Wieso lässt er es zu, dass er sich und seine Liebsten zerstört? Ich verstehe die Menschen nicht. Er hat schon wieder seinen Job verloren. Weil er zu viel trinkt. Zu Hause wird es dadurch noch unerträglicher.

Ich gehorche ihm nicht mehr, seine Befehle nehme ich mit angelegten Ohren entgegen. Ich leide, erdulde eingeschüchtert seine Wutausbrüche. Lisa und ihr Sohn sind ebenfalls mit dieser Situation überfordert. Sie bitten und flehen, Herrchen möge sich doch Hilfe suchen, sich an eine Institution wenden, um aus diesem Teufelskreis herauszukommen. »Nein«, sagt Herrchen. »Ich habe kein Problem!« Das Problem hätte Lisa. Sie sei gestört, gehöre in eine Klapsmühle. Was ist das schon wieder? Er klärt mich nicht darüber auf. Lisa, der Sohn und ich wenden uns immer mehr von Herrchen ab. Wir leben die Tage ohne

Freude, bemühen uns, Herrchen zufrieden zu stellen, ihn bloß nicht durch Kleinigkeiten zu provozieren, damit es zu keinen weiteren Tätlichkeiten kommt. Lisa und ihr Sohn leben in einer zerrissenen Welt. Mal ist Herrchen großzügig und lädt sie zum Essen ein, dann wieder ist er streitsüchtig und erniedrigt die Beiden.

Lisa hat mir erzählt, dass ihr Sohn bereits als Dreijähriger zu ihr gesagt habe: »Mama, lass dich bitte scheiden, wenn Papa nicht aufhört zu trinken.« Da ist Lisa zum ersten Mal zum Anwalt gegangen. Aber sie war nicht stark genug, sich zu trennen. Weil sie Herrchen geliebt und gedacht hat, sie könnte ihn mit ihrer Liebe retten. Frauchen hat ein so großes Herz.

Lisa. 2007

Nach vierunddreißig Jahren Ehe mit einem alkoholkranken Mann reicht Lisa endgültig die Scheidung ein. Sie ist völlig am Ende. In den Ehejahren ist sie dreimal unverschuldet verunfallt, durch mehrere Bandscheibenvorfälle körperlich beeinträchtigt, hat im fünften Monat der Schwangerschaft ein Kind verloren und eine sehr schwere Krankheit überlebt. All dies hat ihren Mann nicht berührt. Oder doch? Lisa weiß es nicht. Vielleicht hat Herrchen so viele Probleme gehabt, dass er nie über seine Sorgen gesprochen, sondern sie im Alkohol ertränkt hat. Er lebt sein Leben, so wie sein Vater es ihm vorgelebt hat. Herrchens Vater hat immer gesagt: ››Frauen sind wie Hunde. Sie kriechen unter den Tisch. Man muss sie nach seinem Willen erziehen.‹‹ Ist Herrchen deswegen krank geworden? Seine Mama ging durch die Hölle wie Lisa. Ebenso sein alkoholkranker Bruder, der sich im Treppenhaus erhängt hat, als seine Frau die Scheidung eingereicht hatte.

Die Post von Lisas Anwalt ist angekommen. Herrchen ruft Lisa auf ihrer Arbeitsstelle an, droht ihr, sie solle es nicht wagen, nach Hause zu kommen. Lisa ruft den Sohn an, erklärt ihm die Situation. Sie wartet, bis er zu Hause ist und geht mit ihm hinein. Herrchen beschimpft sie, geifert, sie solle sofort das Haus verlassen. Lisa und er diskutieren heftig, laut, verletzen sich noch mehr, es gibt keine Lösung. Am nächsten Tag, als Lisa von der Arbeit nach Hause kommt, hat Herrchen ein Fleischmesser in der Hand. Er bedroht sie, fuchtelt mit dem Messer vor ihrem Hals herum. Verschreckt flüchte ich wimmernd unter den Tisch. Lisa solle die Scheidungsklage zurückziehen, verdeutlicht Herrchen. Bei uns werde nicht geschieden, nur umgebracht. Lisa fordert ihn auf: »Stich zu, dann hat unser Leid endlich ein Ende.‹‹ Der Sohn, der mittlerweile nach dem Tod der Großmutter in deren Wohnung über ihnen eingezogen ist, kommt, gereizt durch den Lärm, herunter und sieht Herrchen mit dem Messer. Es wird schlimmer. Herrchen geht in die Garage, holt einen Vorschlaghammer, will alles Mobiliar zerschlagen. Der Sohn und Lisa lassen ihn stehen, nehmen mich mit nach oben. Ruhe kehrt unten ein, doch ich, Frauchen und der Sohn zittern wie Espenlaub vor Angst.

Lisa erstattet Anzeige bei der Polizei. Aus Furcht schließt sie sich jeden Tag in ihrem Zimmer ein. Ich darf nicht zu ihr. Herrchen hat es mir und Lisa verboten. Ein paar Tage später kommt Lisa von einem Besuch bei einer Bekannten nach Hause. Herrchen kommt total betrunken aus der Wohnung, reißt sie am Arm, dessen Schultergelenk vor vierzehn Tagen operiert worden ist, wirft sie die Treppe vor der Haustür hinunter. Der Sohn eilt ihr zu Hilfe, er und Herrchen schlagen sich im Treppenhaus. Herrchen fällt die Stufen hinunter, bleibt vor der Kellertür liegen. Nur mit äußerster Anstrengung kann er sich wieder aufrichten. Ich habe Angst, bleibe lieber hier unter dem Küchentisch liegen. Traue mich nicht hervor. Dort bleibe ich auch besser die ganze Nacht.

Am nächsten Tag kann Lisa nicht ins Haus. Herrchen hat die Tür versperrt. Lisa ruft die Polizei und Herrchen wird aus dem Haus geholt. Ich bleibe still, gebe keinen Laut, obwohl

Fremde die Wohnung betreten. Verstecke mich hinter der Couch. »Du armes Mädchen«, haucht Lisa später.

»Hat Ihr Mann eine Waffe?«, will der Polizist wissen. Lisa nickt. »Ja, ein Kleinkalibergewehr und eine Gaspistole.« Ganz vorsichtig gehen die Beamten in das Schlafzimmer, holen Herrchen aus dem Bett. Er muss sich anziehen, seinen Vater anrufen, damit er die Nacht bei im verbringen kann. Dann wird er aus dem Haus geführt, das er bis zur Gerichtsverhandlung nicht mehr betreten darf.
 Lisa lässt sich vom Arzt Schlaftabletten verschreiben. Ohne sie bekommt sie keinen Schlaf mehr. Sie erleidet einen Nervenzusammenbruch. Ich habe keinen Appetit, bekomme Magenschmerzen, bin auch wieder dünner geworden. Der Ärger im Haus nagt sehr an meinen Nerven, Organen. Meine Augen haben wieder ihren Glanz verloren. Das Funken sprühende Feuer scheint erloschen. Lisa schaut mich mitleidig an.
 Nach dem ersten Gerichtstermin darf Herrchen für sechs Wochen wieder einziehen. In dieser Zeit soll er sich eine Wohnung suchen. Doch nichts passiert. Die Schikanen hören nicht auf. Es ist ein Albtraum, den ich, der Sohn und Lisa erneut erleben.

 Lisa steht auf der Dachterrasse und beobachtet von oben, wie ich mich allein mit einem kaputten Ball beschäftige. »Hallo Lisa«, will ich ihr zurufen, stelle mich aufrecht auf die oberste Stufe, damit sie mich besser sehen und hören kann. Mein bettelndes Jaulen hört sich fürchterlich an. Lisa kann mich nicht nach oben nehmen, Herrchen sperrt mich immer ein, kümmert sich nicht mehr wie sonst um mich. Ihm scheint alles egal zu sein. Kommandiert mich nur herum. Hat ja niemanden mehr. Herrchen ist durch mein Jammern wach geworden, kommt aus der Tür, tobt, ich solle sofort reinkommen. Lisa ist tief schockiert. Dann wirft er die Tür zu. Hoffentlich schlägt er mich nicht.

Herrchen muss endgültig das Haus verlassen. Aber er verfolgt Lisa. Überall taucht er auf. Fährt jeden Weg hinter ihr her, sogar bis zu ihrer Freundin. Das Schlimmste sind die vielen, nächtlichen Anrufe von Herrchen. Lisa soll sich, auf Anraten der Polizei, eine andere Telefonnummer geben lassen. ›Nein‹‹, protestiert sie, »die Kosten kann ich nicht tragen«. Der Vertrag läuft auf ihren Sohn. Beide sind im Moment finanziell nicht liquide, Herrchens Arbeitslosigkeit hat sämtliche Ersparnisse aufgezehrt und die Anwaltskosten muss Lisa auch noch übernehmen, weil sie die Scheidung eingereicht hat. Sie hat nur einen Minijob. Die Kosten für das Haus laufen auch weiter. Ach, Lisa, denke ich. Ich kann nicht für dich arbeiten, würde es aber machen, wenn ich ein Zirkushund wäre.

Irgendwie habe ich mich verändert. Kleinste Geräusche erschrecken mich und unruhig zitternd, laufe ich durch die Wohnung. Die Tierärztin darf mich auch nicht mehr anfassen. Wenn sie es versucht, mache ich Lärm, fletsche die Zähne. Ich will das nicht, deshalb legt man mir einen Maulkorb um. Lisa und ihr Sohn geben mir Liebe; wie immer.
Die beiden haben sich abgesprochen, wer sich in der Zeit, wenn einer von ihnen abwesend ist, um mich kümmert. Lisa versichert mir, dass ich immer noch ein wunderschöner Hund bin. Wenn sie mich malen könnte, würde sie dies in allen Farbnuancen tun. Lisa, der Sohn und ich sind ein eingeschworenes Team geworden. Nichts und niemand kann uns etwas anhaben. Der Sohn, der ebenfalls besorgt ist und mich sehr lieb hat, ist mir ein guter Kamerad.
Neulich hat Lisa ein Angebot für mich bekommen. Von einem Polizisten. Er hat mich während einer Kontrollfahrt nahe ihres Hauses beim Spaziergang beobachtet. Er sagt, ich sei eine stolze Hündin. Der ideale Begleitschutzhund, auch für behinderte Menschen. Lisa hat ihm entgegnet: »Ja, sie begleitet mich«. Für kein Geld der Welt würde sie mich hergeben. Weil ich ihr ans Herz ge-

wachsen sei. Ihr Sohn und ich seien ihr Lebensinhalt.

Langsam geht es mir wieder besser. Ich vertraue Lisa und ihrem Sohn. So vergehen die Jahre. Ich bin eine liebe, treue und saubere Mitbewohnerin, so dass Lisa sich ein Leben ohne mich gar nicht mehr vorstellen kann. Herrchens Telefonterror bei uns und der Verwandtschaft, bei Bekannten und sogar auf Lisas Arbeitsstelle hält an. Lisa geht nicht mehr ans Telefon. Neulich hat es in der Nacht heftig an der Haustür geläutet. Lisa schlich hin, da stand Herrchen, bat um Einlass. Sie forderte ihn auf, er solle nach Hause gehen, zu seinem Vater, wo er wohnt. Er ließ sich nicht darauf ein. Klingelte weiter Sturm, saß dann bei strömendem Regen hinter der Mülltonne. Lisa rief die Polizei. Als die Beamten kamen, lamentierte er, er wohne hier, wolle ins Haus, Lisa solle ihm seine Hausschuhe geben. Frauchen hat den Beamten das Scheidungsurteil von vor zwei Jahren gezeigt Dann haben die Polizisten Herrchen mitgenommen. Seitdem hat Herrchen ein strenges Herrchen. Komisch.

Lisa. 1984

Schwanger! Endlich, nach elf Jahren ist das Wunder geschehen. Hoffentlich kann sie das Kind diesmal halten und wird es nicht wieder verlieren. Vertrauensvoll schaut sie nach

vorn. Ja, ihr Wunschkind wird das Licht der Welt erblicken. Freunde fragen, was sie mit ihrer Hündin machen will. Etwa zurück ins Tierheim?
»Um Gottes Willen!«, sagt Lisa, »die Sonja bleibt natürlich im Haus. Wir geben doch nach drei Jahren den Hund nicht wieder ab. Ein Tier ist keine Handelsware, die man nach Belieben tauschen oder zurückgeben kann.«

Sonja. 1981
Sechs Wochen vor Weihnachten konnte sie als Welpe bei der Familie einziehen. Der Züchter hatte ihnen einen anderen Welpen angedacht, aber die kleine Sonja hat mit Lisa geschmust und sogleich haben Frauchen und Hündin sich füreinander entschieden.
Im folgenden Frühjahr ist die Familie aus der Mietwohnung in das renovierte Elternhaus von Lisa eingezogen.
Der Mann wollte nicht, dass Sonja zur Hundeschule ging. Er wollte sie selbst erziehen. Drillen. Sie mit Schlägen gefügig und gehorsam machen. Aber Lisa hat sich ihm widersetzt. Ihr Motto lautete: *Wir erziehen mit Liebe. Bei uns wird kein Tier geschlagen.* Sonja war lieb, sie gehorchte seinen Befehlen bedingungslos und unterwürfig.

Lisa. 1984

Frauchen hat ein Baby geboren. Einen Sohn. Lisa bittet ihren Mann vom Krankenhaus aus, die Strampelanzüge und Stoffwindeln mitzunehmen. Er solle sie, mit dem Geruch des Babys, in das Kinderbett legen und Sonja erklären, dass Frauchen, wenn sie nach Hause kommt, ein neues Familienmitglied mitbringt. Sonja müsse dann ganz lieb sein. Die Großmutter reinigte die vollen Stoffwindeln, nachdem sie im Bett den Geruch verteilt hatten, und der Mann brachte die Strampelanzüge wieder mit ins Krankenhaus. So ging es die ganze Zeit, bis Lisa mit dem Kind nach Hause kam. Lisa nahm Sonja in den Arm, zeigte auf den neugeborenen Jungen und sagte: »Jetzt bin ich Mama. Das ist unser Baby, du musst immer lieb zu ihm sein, gut auf ihn aufpassen.«

Sonja schaute den Jungen an, ihre Zunge konnte nicht lang genug sein, so wie sie das Gesicht und die winzigen Hände des Kleinen abschleckte. Aus Erleichterung über die liebevolle Begrüßung kamen Lisa die Tränen. Sonja, ihr Mädchen, und der Sohn wurden Freunde für ein Leben lang. Für ein Hundeleben. Von dieser Minute an hatte der Säugling die beste Bewachung, die man sich nur wünschen konnte. Niemand durfte zu nah an das Kind herankommen, weder zu Hause, noch bei Spaziergängen.

Lisa erzählte der Tierärztin von den Windeln und den Strampelanzügen. Die Ärztin bejahte und sagte, es sei eine gute Idee gewesen und sie würde diesen Tipp an alle werdenden Eltern weitergeben.

Lisa.1991

Sie kann es nicht begreifen. Sonja hat Gebärmutterkrebs. Viele Hündinnen erkranken daran, hat die Ärztin erklärt. Es könnte an den Spritzen gegen die Hitze liegen, aber genau kann man es nicht bestimmen. Das sind nur Vermutungen. Elf Jahre gehörte Sonja an die Seite von Lisa und nun muss sie so erbärmlich von ihr gehen. Lisa leidet unsagbar mit ihr, kann nicht helfen. Sonjas Schmerzen lassen sich nicht nehmen, allenfalls mit Medikamenten lindern. Dann kommt der Tag, an dem Sonja ihren letzten Weg antritt. Ja, Sonja. So viel Schönes hat die Familie mit ihr erlebt. Davon könnte Lisa ganze Bücher mit Anekdoten füllen. Nachdem die Tierärztin die geliebte Hündin eingeschläfert hat, ist Lisas Herz gebrochen. In diesem gebrochenen Herzen lebt Sonja weiter. Und Lisa? Sie hat einen Sohn, der versorgt werden muss. Sie geht arbeiten, kümmert sich zeitweise um ihre Mutter, die in der oberen Etage wohnt. Ganz zu schweigen von der Gartenarbeit. Aber etwas fehlt. Ein Haustier. Zum Kuscheln, zum spazieren gehen. Es fehlt ganz einfach.

Lisa fährt mit ihrem Sohn zum Tierheim, um sich die Hunde anzuschauen. Plötzlich fängt ihr Sohn heftig an zu weinen, ruft Lisa zu einem Zwinger. Sie hätte Sonja gar nicht einschläfern lassen, sagt er und zeigt auf einen Hund direkt vor ihm. Sie hätte Sonja zurück ins Tierheim gebracht, abgeschoben. Lisa ist schockiert. Schaut auf das Tier im Zwinger. Maggie, steht dort ein Name geschrieben. Die Zähne umklammern die Streben vom Eisentor, als wollte Maggie sie durchbeißen. Ihr Sohn hat recht! Maggie ähnelt Sonja sehr!

Ihr Winseln ist herzzerreißend. So, als würde sie sagen: »Holt mich hier raus!« Ein Hilfeschrei, ein Schrei nach Liebe, nach Zuwendung. Dieser Schrei verfolgte Lisa noch nächtelang in ihren Träumen.

Maggie hat vorher drei Jahre lang bei einem Bauern im Zwinger gelebt. Lisa versteht so etwas nicht, sie ist als Kind mit Hund und Katze aufgewachsen, nie wäre ein Tier von ihrer Familie eingesperrt worden. Kurz und gut; einen Tag später hat Maggie ein neues Zuhause. Alles ist wieder im Lot, nur dass Maggie noch viel lernen muss. Der Mann tadelt Lisa. »Du hast mir eine dumme Hündin ins Haus gebracht. Die kann gar nichts!«

Kein Problem für eine kluge Schäferhündin. Stundenlang übt Lisa mit ihr im Garten: Sitz, Platz, Bleib, Komm. Anschließend gibt es immer ein Lecker - Lecker, und dann ist spielen angesagt. Nach und nach versteht, begreift, Maggie die Worte, was Lisa sehr stolz macht. Die Leere, die Sonja hinterlassen hat, ist gefüllt. Lisa und Maggie schreiten würdevoll durch ihr neues Leben.

Lisa.1996

Lisa kommt aus dem Krankenhaus zurück. Maggie und ihr Sohn freuen sich, dass sie wieder da ist. Beide weichen nicht von ihrer Seite. Aber Lisa kann ihnen nicht erklären, wie schlimm ihre Krankheit gewesen ist, warum sie so schnell operiert werden musste. Die gleiche Krankheit, durch die Sonja von ihnen gehen musste, hatte auch Lisa bekommen. Zufall, oder einfach nur Schicksal? Lisa weiß, dass Maggie spürt, dass es ihr nicht gut geht. Sie schenkt ihr viele Kuscheleinheiten. Wenn der Sohn im Bett ist, kommt sie zu Lisa auf die Couch und legt sich, wie er, in ihren Arm. Es ist so schön, innig, vertraut. Auch wenn es nur eine Hündin ist, so genießt Lisa doch diesen herzerfüllenden Liebesbeweis.

Nicht nur Sonjas, sondern auch Maggies Körper wurde vom Krebs zerstört. Winselnd liegt die Hündin vor Lisas Bett. Die ganze Nacht lang leckt sie die Salbe von den offenen Wunden. Schließlich schmeißt der Mann sie aus dem Schlafzimmer. Doch Maggie schleicht kriechend wieder zurück zu Lisas Bett.

2001 wird Maggie von ihrem Leiden erlöst. Und Lisas brennendes, verzweifeltes Herz von Trauer durchstoßen.

Marie.2010

Mir geht es wieder mal nicht gut, habe keinen Appetit, bin mager geworden, zerbrechlich. Lisa fährt mit mir zur Ärztin, die ihr nach ausführlicher Untersuchung, wohl eine traurige Mitteilung macht, denn Lisa fängt bitterlich an zu weinen. Neun Jahre bin ich bei Lisa und ihrem Sohn und habe deren Leben bereichert. Lisa will nicht an die Zukunft denken. Was wird sein, ohne mich? Meine Vorgängerinnen sind beide an Krebs erkrankt, dadurch qualvoll gestorben. Hoffentlich bleibe ich davon verschont ... Träume, Hoffnung, .. doch die Wahrheit sieht anders aus.

Sonntag. 2010

Lisa nimmt mich im Auto mit. Wir wollen jemanden besuchen. Ich habe sie so lange mit meinen Augen fixiert, angebettelt, weil ich nicht allein sein will. Mir geht es nicht gut. Bei meiner letzten Untersuchung hat die Ärztin Lisa etwas gesagt, was ich nicht verstanden habe. Worte wie *hoffnungslos, nicht mehr lange* ... Was heißt das? Ich habe etwas in mir, das mich innerlich auffrisst, sagt die Ärztin. Sie nennt es *Unterleibskrebs*. Einige Geschwülste sind äußerlich zu ertasten, ein Geschwür bereits aufgebrochen, also eine offene Wunde. Ja, ein ekliger Geschmack, wenn ich daran lecke. Und es tut so weh. Lisas Herz blutet, wenn sie mich anschaut, das Flammende Schwert hat wieder grausam zugeschlagen. Wir leiden Beide. Wie kann ich, Marie, sie trösten? Wir werden uns noch mehr um uns kümmern, ja Lisa?

Ich lege meinen Kopf auf ihren Schoß. Meine blutgetränkten, entzündeten Augen flehen sie an, wieder nach Hause zu fahren.

Ich kann nichts fressen, habe auch keinen Durst, lege mich auf meine Couch. Ich leide still, fast abweisend drehe ich mich von Lisa weg, damit sie meine Tränen nicht sieht. Lisa nimmt meinen Kopf in ihren Arm, spricht mit gedämpfter, liebevoller Stimme zu mir, streichelt mich zärtlich. Unsere wortlosen Gespräche, die nur wir verstehen. Lisa und ihr Mann haben sehr wenig in ihrer Ehe kommuniziert, der Mann wollte immer nur seine Ruhe, nie Meinungsaustausch. Gestern ist Lisa zu ihrem Sohn nach oben in seine Wohnung gegangen. Hat gesagt, dass sie heute die letzte Fahrt mit mir unternehmen wird, wenn die Ärztin ihr nichts anderes sagen kann, außer, mich liebenswertes Wesen zu erlösen. Ich habe im Flur gelauscht.

Dann habe ich die ganze Nacht gejammert, denn ich hatte heftige Schmerzen. Wahrscheinlich helfen mir die starken Schmerztabletten auch nicht mehr. Lisa hat bei mir gelegen.

Heute morgen ist sie übermüdet aufgestanden. Konnte keinen klaren Gedanken fassen. Ich habe gespürt, dass sie verzweifelt war. Wegen mir. Ich kann kaum mehr die Treppen zum Garten hinuntergehen, um mich zu erleichtern. Bin so schlapp. Lisa hilft mir zurück ins Haus, ja sie trägt mich mittlerweile leichtgewichtiges Tier die Stufen hinauf, stellt mir leckeres Essen hin. Ich mag nicht. Liebe Lisa. Bitte hilf mir. Dann hat sie die Ärztin angerufen. Es ist gleich siebzehn Uhr.

Die Ärztin sagt, wir sollen besser durch die Haustür kommen, es ist bereits Sprechstunde. Ich liege auf der Rückbank im Auto, rege mich kaum, wimmere leise vor mich hin. Lisa geht mit mir langsam die Treppe zum Haus der Tierärztin hoch. Halt Lisa, was ist das für ein Gestank? Lass uns mal zurückgehen. Vor der Garage der Tierarztpraxis liegen so eigenartige, weiße Plastiksäcke, die komisch riechen. Verwesung, den Geruch kenne ich aus dem Tierheim. In so einem Sack lag ein toter Hund. Lisa, bitte nicht weinen! Komm, ich weiß jetzt, was zu tun ist. »Hallo, Frau Doktor, da bin ich, freue mich. Ich weiß, dass sie mir helfen wollen.« Die Arzthelferin holt einen Maulkorb. Ich brauche doch keinen Maulkorb mehr, ich kann ihnen doch nichts mehr antun. Habe keine Kraft mehr, um zuzubeißen. Die Ärztin tastet mich noch mal ab, sagt, dass ich hierbleiben soll ... Dass Lisa mich nicht mehr mit nach Hause bekommt. Dass es besser so ist. *Nein, nein, nein!!!* Ich schaue Lisa an. Spüre, wie ihr Blutdruck steigt. Ihr Herz bäumt sich heftig schlagend gegen diesen Gedanken auf.

»Doch, wir werden sie erlösen,« sagt die Ärztin, zieht drei Kanülen auf. Ich weiß nicht, was passiert. Aber Lisa scheint es nicht zu gefallen.

Sie hält mich in ihren Armen, unterhält sich ein letztes Mal mit mir, tröstet mich. »Auf Wiedersehen!«, flüstert ihre Stimme zitternd in mein Ohr. Ja, meine liebe Lisa, wir sehen uns wieder. Jetzt verstehe ich ... Vielen Dank für deine Liebe. Wir haben zweimal gekämpft, leider diesen Kampf verloren.

Lisa

»Sehen Sie«, sagt die Tierärztin und benutzt die erste Kanüle. »Nur zwei Tropfen reichten, ihr Körper, ihr Herz hatte keine Kraft mehr.« Die Lebensflamme ist erloschen, Maries Lebensfaden gerissen. Lisa schluchzt und weiß, dass Marie in einer besseren Welt ist. Sie hat sie bis zuletzt im Arm gehalten.

»Der Maulkorb, wir haben vergessen ihn abzunehmen,« schluchzt sie voll Bitterkeit. »Marie kann sich nicht mal zu Wehr setzen, *falls sie angegriffen wird.«* Lisa redet wohl aus lauter Verzweiflung dummes Zeug, bricht auf dem kalten Fußboden zusammen. Die Ärztin will ihr ein Beruhigungsmittel spritzen, doch sie muss ja fahren, niemand da, der sie abholen könnte.

Ihr Herz ist zerrissen. Ein sehr großer Teil ist von ihr gegangen. Wieder einmal. So viel Liebe, Treue wie die Mädchen ihr gegeben haben, hat sie nicht mal in ihrer Ehe oder in Freundschaften erfahren. Ein Hamster, ein Meerschweinchen und zwei Schäferhündinnen hat Lisa auf dem letzten Weg begleitet. Und nun diese, ihre treueste Gefährtin. Mit jedem Schritt, jeder Treppenstufe, die hinunter führt, bohrt sich die Dolchspitze der Trauer erbarmungslos tiefer in ihr beschädigtes Herz. Die Zwangsjacke der Qual umklammert ihren Brustkorb, engt ihn ein, hält ihn fest im Griff. Sie ringt atemlos nach Luft, ihre Lungen krampfen. Gnadenlos zieht sich der Schmerz durch ihre Eingeweide, ihr wird übel. Fast eine Stunde sitzt sie auf der Außentreppe der Arztpraxis, danach im Auto.

Später weiß sie nicht, wie sie nach Hause gekommen ist. Sie geht zu ihrem Sohn, nimmt ihn traurig in die Arme. Sie kann nicht aufhören zu weinen, sich nicht beruhigen, es wird noch schlimmer. Die Weinkrämpfe hören nicht auf. So schlimm ist es ihr noch nie ergangen. Ihr Kopf dröhnt, salzige Tränen

strömen glühend über das Gesicht, brennen gnadenlos auf ihren Lippen. Das Kopfkissen ist ganz durchnässt, aber der Fluss lässt sich nicht stoppen. Lisa betet, Marie, jetzt geht es dir gut, ich habe dich so lieb, werde dich nie vergessen, meine Freundin. Ich muss schlafen.
 Plötzlich ist es taghell im Zimmer. Lisa vermutet den Sohn im Zimmer, bittet ihn, das Licht auszuschalten. Sie will endlich zur Ruhe kommen, schlafen. Es ist wieder dunkel. Sie schaltet die Nachttischlampe ein. Nein, niemand ist im Zimmer. Die Tür zum Flur ist geschlossen, wie zuvor. Der Sohn ist nicht hier gewesen. Sie dreht sich zur Seite. Ja, Marie, jetzt können wir schlafen. Danke.
 Am nächsten Morgen steht Lisa, nach traumloser Nacht, ausgeruht auf.

 Von nun an fühlt Lisa eine trostlose Leere in sich. Schlimmer, als je zuvor. Marie war ihr Herzblut. Sie fühlt sich wie tot. Alle Tränen wurden geweint. Nein. Nie wieder würde sie solche Qualen in ihrer Seele verinnerlichen. Ab jetzt wird sie ihr sich gegebenes Versprechen einhalten, durchhalten. Seelenverwandte finden sich nicht fortwährend.
Einige von Lisas Bekannten sagen, sie würden sich immer in die Falschen verlieben.
Darauf antwortet sie: »ICH verliebe mich immer in die Richtigen! Hunde sind treu, schenken mir ihr Vertrauen, lieben mich so,

wie ich bin. Ohne Wenn und Aber. So viel Liebe findet ihr bei keinem Menschen. Ich bin dankbar, dass es diese Geschöpfe gibt.«

2015
Lisas Sohn sagt: »»Mutter, sag niemals nie!««

Nein, Lisa hat wieder »»Ja«« gesagt, zum Leben und zu einer neuen Liebe. Eine wunderschöne, gelehrige, bezaubernde Hündin ist bei ihr und ihrem Sohn eingezogen.

ALLES AUF ANFANG?

Mutter – Erde

Bestrahlt-

Verbrannt-

Geflutet-

Was muss Sie noch ertragen?

UNS!

Namenlos

Kampf gegen   Windmühlen?
                       Drachen?
                       Dämonen?

Nein!   Gefühle,
                    Verbundenheit
Ein undurchsichtiges Band!!

Sein Name: Liebe

Ausgelacht
Verletzt
Vergessen:

Mein Name

Ohne Worte

Viele
Zungen
Kleben
Fest

Sprachlos!

Wahrnehmen
Erkennen-
Schweigen?

Nein!!!
Unrecht äußern!

Schnee - Fall

Anmutiger
Flockentanz
Hüllt den Pfad
In einen reinen Mantel

Schritte durchkreuzen
Verletzen Gehweg
Unberührtes empfindet
Leidvollen Schmerz

Gleichwohl erstrahlt
Anlehnendes Schneeweiß
Bringt Helligkeit
In das Dunkel

Aufklärung

Seh -Hilfe

Blinde Flecken
Haften oft

Grundlos!

Einseitig - trübe
Befürchtungen

Wisch sie weg
Damit Du durchblicken kannst!

DU kannst mir vertrauen

Bedenkenlos!

Sonnenaufgang

Es küsste mich wach
Streichelte sanft
Mein Gesicht

Sonnenkleid
Auf nackter Haut
Geflochten
Aus Leidenschaft

Licht wächst
Besiegt die Angst
Befruchtet meinen Raum
Durchströmt
Ergießt sich
Zum Gleichklang

Im Sonnengeflecht

Mein Herz
Erinnert sich

Im Nachklang

Autogenes Training

Solltet ihr auch mal ergründen.

Strickmuster

Ich hatte
Meinen roten Faden
Unbewusst verloren

Zum Glück
Habe ich ihn
Wieder gefunden
Aufgenommen,
So dass weitergesponnen
Werden kann

Für ein neues Modell

Treff- Punkt

Langsam
Kennen lernen

Entfremdet
Schnell

Zeit verrinnt!!!
Was bleibt?

Lebe-
Wohl!?

Trugbilder?

Der Blender
Lockt
Gefallsüchtig?

Ohne Maske
Glanz-
Und Farblos!

Mensch!!!

Trugbilder?

Der Spieler
Würfelt riskant
Im Raum?

Nicht JEDER
Der wagt
Gewinnt!

Für VIELE
Bereichernde Erfahrung

Trugbilder?

Der Träumer
Schwebt
Endlos?

ER wird
Bestimmt
An SEINE GRENZE
Stoßen!

Trugbilder?

Der Verschwender
Vergeudet
Sinnvolles?

Leben- Liebe- Zeit
Zu wertvoll
Zum vertändeln!!!

Verbindungs- Los

Jahr für Jahr - Am Wochenende
Auf Verbindungs- Kurs

Tausende - Gefahrene Kilometer
Ein Weg

Abnutzung - Macht Lärm
Zu wenig Zeit
Für Reparaturen

Mein Fahrgestell
Bleibt vorerst
Im Abstellraum
Weil ich den Kurs
Abgebrochen habe

Vergessen

Fast fünfzig Jahre liege ich nun in diesem tiefen Loch. In dunkler, kühler, moderiger Erde begraben. Ein Wrack, eine Mumie im Blechgewand. Ohne jegliches Mitgefühl wurde ich in die Knie gezwungen und beiseite gelegt. Ich fügte mich, wollte nicht zu Kreuze kriechen. Aber ist das mein Schicksal?

War es eine Strafe? Und wenn, für was? Ich habe doch nichts verbrochen! Ich wollte nur meinen ... wie sagt man ... „Gefährten" dienlich sein!

Ich frage mich immer wieder, ob ich ihnen meine Freundschaft aufgedrängt, sie genötigt habe, sich um mich zu kümmern? Wurde ich missverstanden? Nur ein wenig Liebe und Anerkennung hatte ich mir von ihnen erhofft, gewünscht. Einfach nur angenommen zu werden, so wie ich bin!

Ich schrie laut um Hilfe, bat um Gnade, doch niemand konnte mich vernehmen. Meine Stimmbänder waren durchtrennt und herausgerissen. Sämtliche verwertbaren Innereien hatten sie skrupellos aus meinem Körper entfernt. Durch Vermittler gelangten sie auf den Schwarzmarkt für Organspenden. Dort wurden sie gewinnbringend verkauft.

Mein immer noch kräftig schlagendes Herz ersteigerte ein sehr wohlhabender Empfänger, dessen Herzstück bereits zweimal durch Komplikationen abgestoßen wurde. Ich wurde wie ein Schwein geschlachtet, ausgeweidet und erbarmungslos an diesem oft überschwemmten, nassen Ort verscharrt.

Fäulnis ließ meine Ummantelung, die extra für mich aus Blech gefertigt war, mit der Zeit von außen oxydieren. Der Rost durchfraß langsam, aber stetig das Stützwerk. Viele kleine und größere Löcher entstanden, durch die glibberiges Gewürm kroch. Ich war zu fest in diesem Erdreich verankert, die ekelerregenden Geschöpfe konnte ich nicht von mir abschütteln. Wühlmäuse suchten Unterschlupf und richteten sich in meinem ausgebeuteten Innenraum häuslich ein. Eichhörnchen nutzten die Zwischenräume als Depot für ihren Wintervorrat. Überall krabbelte und nagte es in und an mir, aber ich gewährte diesen Lebewesen Unterschlupf.

Bei eisiger Kälte war es besonders schlimm. Der Frost sprengte Risse ins Erdreich, ich hatte Angst, komplett auseinander zu brechen. Ist aber nicht passiert, da mein Radius im Vakuum begrenzt war.

Ein Fliederbaum trieb mit den Jahren sein Wurzelwerk durch meine Augenhöhlen, ließ neue Ableger sprießen, die meinen Panzer umschlossen und festhielten.

Trockene Sommer brachen das Erdreich auf. In die Spalten pickten manchmal spitze Schnäbel, die Frösche darin entdeckt hatten. Aber mich haben sie nicht gesehen. Zu tief lag ich unter dem Morast.

- - -

Nach einigen einsamen Jahren, in denen ich mich an diese Totenstille gewöhnte, übernahmen andere Besitzer das Grundstück. Diese wussten nichts von mir. Ich wurde totgeschwiegen. Manche Leute haben eine Leiche im Keller, die neuen Eigentümer hatten eine im Garten, ohne es zu wissen.

Über meinem Hirnkasten war plötzlich ein rücksichtsloses Treiben. Der verwilderte Grund wurde durchpflügt und ließ die Materie, aus der ich erschaffen war, erzittern. Es wurde gerupft, gerodet und gepflanzt. In unmittelbarer Nähe meiner Rüstung wurden kleine Krater gegraben. In diese füllte man Baustoff und betonierte Metallpfosten ein. Unglaublicher Lärm hielt mich tagelang wach. Das Echo hallte in meinem Behälter wider.

Wieder wurde ich übersehen.

- - -

Ich war neun Jahre alt, als ich diese jungen Menschen zum ersten Mal sah. Zuerst schenkten sie mir keine Beachtung, wohl weil ich aus dem Ausland kam und mein Äußeres sie irritierte. Auch verstanden sie meine Sprache nicht.

Sie musterten mich argwöhnisch, denn ich war für mein Alter recht klein. Bisher kannten sie nur ihr alltägliches, friedliches Umfeld. Alles Fremde schien ihnen Angst zu machen. Doch ihre Neugier siegte. Langsam vertrauten sie mir und wollten mich dann unbedingt in ihrer Nähe haben. Ja, fast süchtig waren sie nach mir. Woran es auch immer liegen mochte. Vielleicht gefiel ihnen mein lustiges Aussehen.

Sie sammelten ihr Taschengeld und schenkten mir viele Aufmerksamkeiten, um mich bei guter Laune zu halten. Ich war erfreut und bezauberte sie mit meiner geschniegelten, farbenreichen Seite.

- - -

Über tausend Kilometer trennen mich von meiner Heimat, und ich war damals froh, hier, in diesem Land, angekommen zu sein. Der Weg über die Alpen war im Winter sehr beschwerlich. Ich hatte leider nur meine Sommerschuhe an und schlidderte mit den glatten Sohlen oft bis an den Straßenrand. Glücklicherweise nur bis zum Rande der Abgründe, nicht darüber hinaus. Doch dann passierte es, ich rutschte aus und brach mir ein Bein. Mit dem Notarztwagen wurde ich in die nächstliegende Klinik gefahren. Hier bekam ich eine so genannte Transportschiene zur Ruhigstellung und für die angeknackste Rippe ein Korsett mit dünnen Rohren aus Stahl, die meine Beweglichkeit doch recht einschränkte.

Ich konnte nicht in der Klinik bleiben, mein Antrag auf Einreise war befristet. Also machte ich mich nach einigen Tagen Erholung wieder auf den Weg zu meinem Reiseziel. Langsam kämpfte ich mich auf abschüssigen Straßen von einer Route zur nächsten. Mehrfach musste ich schweißgebadet innehalten, um nach Luft zu schnappen, meine Nerven zu beruhigen oder zu trinken, bevor ich austrocknete. Proviant für unterwegs hatte ich genug im Gepäck, das ich auf meinem leicht gekrümmten Buckel angeschnallt hatte, so dass ich jederzeit Pausen einlegen konnte.

Doch nach all den Mühen und Plagen hatte ich erhebliche Mangelerscheinungen, als ich an meinem Bestimmungsort ankam. Hier sollte nun mein neues, aufregendes Leben beginnen.

Da tat es mir gut, dass ich diese Jungen kennen lernte. Der Beginn einer wunderbaren Freundschaft? Aber da hatte ich mich geirrt.

Leider merkte ich zu spät, auf was für ein unterwürfiges Spiel ich mich eingelassen hatte. Durch meine Behinderung war ich ihnen vollkommen ausgeliefert. Zu schwach, um mich gegen sie zu stellen. Und dann geschah es.

Ich war ja noch nicht gesund. Die lange, anstrengende Fahrt aus meinem Vaterland hatte mir viel Kraft und Energie geraubt. Meine Pumpe arbeitete nicht mehr vollständig, die Lungenflügel pfiffen, und meine Adern waren verstopft. Lag es am feuchten, schwülen Klima in diesem Land, das ich nicht gewohnt war? Meine Unterkunft befand sich auch nicht gerade in einem Nobelhotel. Meine Bleibe war eine kleine, beengte Kammer ohne Zentralheizung neben dem Wohnhaus. Ich vermisste die angenehme Wärme, denn in meiner Heimat war es immer sonnig und trocken.

Oftmals, wenn mir die Puste ausging, kauften die Jungen eine Tüte, in die ich dann atmen konnte. Danach ging es mir wieder besser. Ich stand auch manchmal kurz vor dem Verdursten. Zwar bekam ich genug Flüssigkeit, auch um die bitteren Pillen zu schlucken, doch die spuckte ich meist einfach mit all dem Wasser wieder aus.

Dann bekam ich allerdings eines Tages nach einem sehr anstrengenden Ausflug einen

Kreislaufkollaps, und mein Herz blieb stehen. Minuten vergingen. Plötzlich spürte ich ein Kribbeln in meinen Venen. Mein Herzmuskel war zwar entzündet, der Kern arbeitete aber wieder. Die Jungen hatten einen Notarzt gerufen, und der hatte mich durch einen Defibrillator wieder zurückgeholt.

Ich war glücklich und froh, dass ich lebte. Wenn ich nicht so heiser gewesen wäre, hätte ich mich lauthals bei ihnen bedankt.

Von diesem Tage an schoben mich die Jungen wieder überall hin. Ich lernte ihre Familien kennen, doch dort wurde nur skeptisch mit dem Kopf geschüttelt. Nur weil ich anders aussehe und einer anderen Kultur angehöre? Sie mochten wohl keine Ausländer und wollten, dass sich ihre Jungen nur mit Einheimischen abgaben.

Ich verstand es nicht.

Langsam wurden die Exkursionen wieder zu viel für mich. Einmal zeigte mir der eine, dann wieder der andere eine Wegstrecke, die ich laufen sollte. Jeder wollte mal der Lenker sein, obwohl sie alle keinen Plan hatten. Manchmal legten sie mir einen dünnen Strick um den Hals, zogen mich wie einen störrischen Esel in einer Sackgasse hin und her. Doch auch das machte mir nichts aus, denn ich wurde nicht übersehen, vergessen.

Schöne Wunschträume.

Denn wenn ich mal wieder keine Luft bekam, ließen sie mich immer häufiger einfach stehen und rannten davon. Ganz allein, irgendwo am Straßenrand zurückgelassen, wartete ich teilnahmslos auf sie.

Anfangs hatten sich alle sechs Jungen jeden Tag um mich bemüht. Jetzt waren es nur noch zwei, die am Wochenende kamen, um mich zu sehen. Je nach Lust und Laune. Ich wusste nicht mehr, was ich davon halten sollte. Lag es an meiner dauernden Atemlosigkeit oder meinem zusehends verschlechterten Aussehen? Hatten sie Angst, dass ich eine gefährliche Krankheit in mir trug, an der sie sich infizieren könnten?

Meine Füße waren sehr stark mitgenommen. Platt vom Laufen. Meine Beine versagten jetzt fast täglich, mein Pulsschlag pochte nur leise, und die Zahl der Schwingungen verringerte sich. Nichts lief mehr rund wie in früheren Zeiten. Klar, dass ich mit meinem angeschlagenen Herzen und den verdichteten Aorten nicht mehr die volle Leistung bringen konnte! Aber war ich dadurch weniger wertvoll?

Die Jungen hatten endgültig das Interesse an mir verloren, mochten mich nicht mehr. Ihre Freizeit verbrachten sie nun anders. Sie wa-

ren fast erwachsen, und sie dürsteten nach Wissen. Sie schauten mich nur noch mitleidig an. Ich war nichts mehr wert für sie und wurde offenbar auf meine Abschiebung vorbereitet. Traurig fand ich mich damit ab, dass ich trotz meines jungen Alters nicht mehr leistungsfähig war.

- - -

An dem Tag, an dem meine leuchtenden, strahlenden Augen ihren Glanz verloren hatten, schloss ich sie für immer. Ein kurzes Röcheln aus meinen ermatteten Lungen, dann ging ich still von dieser Welt. Diesmal wurde kein Notarzt verständigt. Sie gaben mir keine Chance mehr zum Überleben.

Die vermeintliche Freundschaft war nur kindliches Interesse an etwas Fremdem gewesen. Die letzten Worte, die ich vernahm, machten es mir in ihrer Herzlosigkeit endgültig klar. Einer der Jungen sagte, es habe ja doch noch ziemlich lange gedauert, bis die säurehaltigen Getränke mir den Garaus gemacht hätten. Meine „Gefährten" hatten mir die Speiseröhre und den Magen verätzt.

- - -

Ich wollte die ganze Welt erobern, doch leider habe ich es nicht geschafft. Ach, wäre ich doch in meiner Heimat geblieben. Ich wurde auch nie mit meinem wahren Namen angesprochen, den ich mittlerweile selbst vergessen habe.

Das einzige, was mir blieb, ist eine Nummer unter vielen: *F500*.

Verschlossen

Hilflose Schatten
Hinter verschleierten
Bunten Fenstern

Ungehörte Schreie
In der Dunkelheit

Verletzte Seelen
Leiden im Verborgenen
Vertrauen Niemandem

Wen berührt das?
Blinde, herzlose, kalte
Ichbezogenheiten?

Gott sei Dank
Es gibt noch
Mutige, mitfühlende Menschen!

Ich verschließe MICH NICHT

Versuch macht Klug?

Nur noch ein Versuch, wenn es jetzt nicht funktioniert kapituliere ich.
Hobby soll doch Spaß machen und nicht in Stress ausarten.

Wenn mir vor zehn Jahren jemand gesagt hätte, dass ich im Rentenalter Autorin werde, ja, was würde ich geantwortet haben? Ich weiß es nicht.

Diese Frage wird mir jetzt häufig gestellt. Was antworte ich? Mann/Frau ist nie zu alt, um freie Zeit mit einer sinnvollen Beschäftigung und Gelassenheit zu gestalten.

Lustige oder traurige Worte auf Papier schreiben schenkt mir Lebensfreude. Bisher habe ich nur Gedichte geschrieben und mit Bildern oder Illustrationen von einem Freund in zwei Büchern veröffentlicht. Sie entkeimen meine Fantasie, reifen für Gedichte und gegenwärtig jungfräuliche Geschichten heran.
Seit einem Jahr bin ich nun, aufgrund meiner Lesung bei einem „Bücherwurm" in einem Autorenstammtisch aufgenommen.
Hier wurde ich sozusagen zum Geschichtenschreiben infiziert.

Gut, versuchen wollte ich es auf jeden Fall und habe Texte für mein erstes Geschichtenbuch geschrieben.

Autorin. Hört sich im ersten Moment toll an, so nach Berühmtheit, Prominent oder Bestsellerautorin. Und natürlich durch den Buchverkauf reich werden. Das denken viele, aber haben keine Ahnung wie viele Stunden Arbeit, Zeit, Recherche und vor allem Geduld damit verbunden ist. Was übrig bleibt sind kleine Erfolge. Egal. Ich mache weiter. Habe Spaß an der Freude.
Aber nun dies. Verzweiflung. Alles selber machen wollen ist nervenaufreibend.

Ich bin gestern Abend nach meiner Arbeit noch in ein Geschäft gegangen und habe einen Schreibblock gekauft.
Mein Freund Markus, ebenso Autor, hatte eine Idee für das Cover meines neuen Buches, die ich sogleich umsetzen wollte. Also legte ich den erworbenen Spiralblock zu Hause auf den Küchentisch, holte meine Kamera und fotografierte die leeren, weißen Seiten mit den Spiralen in der Mitte. Toll. Bei der Wiedergabe war das Bild okay.

Also, ran an den Computer, die Kamera mit ihm vernetzen und das Bild auf dem Desktop speichern. Bis hierher lief alles perfekt.

Mit einem Fotobearbeitungsprogramm öffnete ich dann das Bild. Kopierte, schnitt aus und fügte es in ein passendes Format ein.
In dieser Reihenfolge. Alles gut.

Dann suchte ich intensiv nach Farbe. Braun, Lederzeichnung. Mein neues Buch sollte als Notizbuch zu erkennen sein und dennoch einen edlen Charakter bekommen.
Die Farbpalette bot so einiges. Ich konnte Farben mischen und kopierte sie in das vorgegebene Buchformat ein. Dann der Schreck. Wo waren die Spiralen? Nicht da. Wie weggewischt. Die eingefügte Farbe hatte das komplette Maß übermalt.
Noch mal. Kopieren, ausschneiden, Farbe einfügen. Nichts. Die Spiralen waren und blieben verschwunden.
Hatte ich die Reihenfolge der Bearbeitungsschritte vertauscht?
Ich kam ins Schwitzen. Was machte ich falsch? *Überleg*, sagte ich mir, hatte sich ein Denkfehler eingeschlichen? Wie vermag ich die Farbe hinzuzufügen, ohne dass mir die Spiralen abhandenkommen?
Kann ich das Programm irgendwie überlisten? Hilfe!

Es funktionierte abermals nicht. Durch enttäuschtes und genervtes, mangelndes oder vergessenes Wissen über Bearbeitungsprogramme, stellte ich frustriert den Computer aus.

 Bei meinem zweiten Buch hat alles wunderbar geklappt. Da hatte ich keine Probleme.

 Ich ging in meinen Garten und harkte das heruntergefallene Laub der Bäume zu einem riesigen Haufen zusammen. Wenigstens ein Erfolgserlebnis heute.
 Bei anstrengenden Tätigkeiten, oder des Nachts, wenn ich mich im Bett unruhig hin und her wälze, habe ich die skurrilsten Einfälle.

 Also Computer wieder an. Wäre doch gelacht, wenn ich das nicht hinbekäme. Der Titel des Buches stand bereits fest und die Geschichten waren redigiert.

 Stunde um Stunde verging.
 Ich bewegte nichts außer der Computermaus.

 Schluss – Ende - Aus.
 Ins Bett. Ich muss zur Ruhe kommen, sonst spielen meine Reizleitungsorgane nicht mehr mit. Mein Magen meldete sich auch. Was sollte ich essen, zu dieser Nachtzeit? Eine Schnitte Brot?

Ne, geht nicht. Da fiel mir ein, dass ich noch eine Tüte mit Studentenfutter hatte. Stillt den Hunger und die Cerialien erreichen hoffentlich durch den Blutkreislauf meine Amnesie im Gehirn. Wenn es bei den Studenten hilft, warum sollte es meine Gedächtnisschwäche nicht auch wieder aktivieren können und die Verkalkungen dadurch auflösen.

Nach etwa einer Stunde, ich war noch nicht im ersten Traum angekommen, hatte ich plötzlich eine Erleuchtung. Aha, das Futter hat mein Hirn durchblutet. Für irgendwas musste es ja nützlich sein.

Aufstehen, Computer an.
Ich wusste doch genau, wie das Programm arbeitet. Wieso war ich so betriebsblind? Vor lauter Farbe hatte ich das Wichtigste vergessen.

Hurra, es klappte.
Ich habe jede Seite einzeln ausgeschnitten, also die rechte und die linke. Ebenfalls, separat, die Spalte mit den Spiralen. Alles kopiert und die gespeicherte Farbe eingefügt. Die Spiralen blieben in der Farbe, wie sie sind. Schwarz.
Mal sehen, vielleicht ändere ich sie morgen in Weiß.

Dann habe ich die Seiten nacheinander in das Format kopiert. Zuletzt die Spiralen hinzugefügt.
Quatsch.

Nur die Spirale ausschneiden und dann in das Format mit Farbe einfügen. So viele Arbeitsgänge hätte ich mir ersparen können.

Gut. Jetzt gelingt es wirklich. Mein Cover ist fast fertig. Titel und Foto von mir füge ich morgen ein.
Fertig.

Wenn noch mal *einer* herabwürdigend

„Frauen und Technik"

verlauten lässt, werde ich ihm eine Geschichte erzählen.

Warteschleife

Bitte warten- Bitte warten-......
Mono- Ton
Ohne Inhalt
Immer Dasselbe

Viele Jahre
Kein Durchkommen
Keine Fragestellung möglich
Um Antworten zu bekommen

Die Zeit läuft
Auf meine Kosten

Nicht mit mir!

Auf was soll ich warten?!
Wenn die Leitung
Für ein klärendes Gespräch
Nicht offen ist

Ich werde meine Zeit
SINNVOLL nutzen

Gesprächspartner suchen

Viele warten auf Ansprache!

Wilde - Feige

Knorrig -
Weiblicher Exot

In der Blüte
Des Lebens
Wild - Nicht feige

Lieb - Reiz
Lässt süße Früchte
Reifen

Eine Götterspeise
Für den Feinschmecker

DU darfst
Naschen - Sinnlich -
Nicht zu gierig
Ich habe sie

Für Dich aufbewahrt

Zwischen Himmel und Erde

Verzaubert-
Auf gutes Wetter hoffen
Mutig- vertrauensvoll
Die Leine loslassen
Ballast abwerfen

Zwischen
Rosa Wolken-
Beständigem Boden-
Schweben

Eine Silhouette
Im Nebelschwaden
Kaum zu erkennen

Von unten betrachtet!

Unversehrt angekommen

Himmlisches Gefühl!!!

Danke

Ich möchte mich ganz herzlich bei
Julia Beylouny, fürs Betalesen bedanken. Von ihrer Familie und Autorentätigkeit, hat sie sich Zeit für mich genommen und mir hilfreiche Tipps gegeben.

Danke auch an Markus Kohler, Inhaber der „Bücherkiste-" in Ampen, bei Soest.
Markus hat mich immer wieder ermutigt, Kurzgeschichten und Gedichte in einem Buch zusammenzufassen. Deine tolle Idee für das Cover habe ich spontan umgesetzt.
Danke für den wunderschönen Klappentext.

Besonderen Dank gilt meinem Sohn, der meine *Launen* in der Phase des Schreibens und der Gestaltung des Buches geduldig ertragen hat.

Eigene Veröffentlichung:
2009. Buch
„ Einfache- Ehrliche- Verständliche – Emotionen"
2014. Buch
„Lebendigkeit - Bedarf der Liebe „
ISBN: 978-3-7357-20580
Verlag: BoD-Norderstedt
2015. Buch
Frösche Hühner und andere Sati(€)re
ISBN: 978-3-7392-2054-3
Verlag: BoD- Norderstedt

Weitere Gedichte veröffentlicht:
In der Jokers – Gedichte – Datenbank - Der besten deutschsprachigen Gedichte, Weltbild-Verlag.
In der Edition „ Die besten Gedichte 2011/2012" ,Frankfurter Bibliothek
Weltweit eingestellt in den bedeutendsten Bibliotheken.

Kurzgeschichte in der Anthologie:
„Ich bin Autor"
Edition Trailer Spot- Verlag
ISBN: 9783946308096

Desweiteren erscheinen Kurzgeschichten In der Anthologie:
„Das Buch- Der Autorenstammtisch"
Herausgeber: Markus Kohler

Autorin:
Luzie Irene Pein
Am Bruchgraben 19
59555 Lippstadt
E-Mail: luzie.pein@web.de
Internet: www.luzieirenepein.de
Satz und Layout: Luzie Irene Pein

Covergestaltung: © Luzie Irene Pein
Fotos: © Luzie Irene Pein

Alle Texte und Bild-Inhalte in diesem Buch sind mein Eigentum und daher urheberrechtlich geschützt. Eine Vervielfältigung oder Veröffentlichung unter anderem Namen ist nicht gestattet.
© 2015 Luzie Irene Pein

Impressum/ Kontakt

Bibliografische Information der Deutschen Nationalbibliothek:
Die Deutsche Nationalbibliothek verzeichnet diese Publikation in der Deutschen Nationalbiografie;
Detaillierte bibliografische Daten sind im Internet über
www.dnb.de abrufbar.

© 2015 Luzie Irene Pein
Herstellung und Verlag:
BoD- Books on Demand , Norderstedt

ISBN: 978-3-7392-2412-1
Preis: 8,90€